Lösungsschlüssel

# Übungsgrammatik für Anfänger

Deutsch als Fremdsprache

VERLAG FÜR
DEUTSCH

5. 4. 3. 2. | Die letzten Ziffern
2001 2000 1999 | bezeichnen Zahl und Jahr des Druckes.
Alle Drucke dieser Auflage können, da unverändert,
nebeneinander benutzt werden.

1. Auflage R

Max-Hueber-Str. 8, D-85737 Ismaning
Umschlag: Christiane Gerstung auf der Grundlage einer
Grafik von Ralf Meyer-Ohlenhoff
Druck: DONAU DRUCK Regensburg GmbH
Printed in Germany
ISBN 3-88532-511-X

# I. Das Verb (1)

**Übung 1** Infinitive sind: reisen, sammeln, wechseln, heißen, ändern, lernen
Regel: Der Infinitiv hat die Endung *-en* oder *-n*.

**Übung 2** Ich heiße ...; Ich wohne in ...; Ich komme aus ...; Wohnen Sie in ...?; Arbeiten Sie bei ...?; Kommen Sie aus ...?; Wie heißen Sie?; Wo wohnen Sie?; Woher kommen Sie?

**Übung 4** b) arbeiten – er/sie arbeitet c) reisen – er/sie reist d) studieren – er/sie studiert e) fragen – er/sie fragt f) antworten – er/sie antwortet g) rechnen – er/sie rechnet

**Übung 5** a) Fritz ist Elektrotechniker. b) Er ist jetzt fertig. c) Er hat eine gute Ausbildung. d) Er ist zufrieden. e) Er hat eine Stelle.

**Übung 6** Rainer Faaß ist bei der Firma Sanders. Er ist von Beruf Diplom-Ingenieur. Er hat die Telefon-Nr. 08151/1922-15. Er hat auch eine E-Mail-Adresse. Die Firma ist in Starnberg.

**Übung 7** a) Gibt es hier eine Kantine? b) Der Bus fährt in die Innenstadt. c) Im Restaurant „Mühle" isst man gut. d) Wir gehen essen. e) Nimmst du das Auto? f) Wir laufen.

**Übung 8** Regel: Die 2. und die 3. Person Präsens von *haben* sind unregelmäßig. Die Formen haben kein *b*.
Die 2. und die 3. Person Präsens von *werden* sind unregelmäßig. Die Formen haben ein *i*.

**Übung 9** a) Ich arbeite in Dresden. b) Wo arbeiten Sie? c) Mein Name ist Wilhelmsen. d) Wie heißen Sie? e) Ich heiße Naumann. f) Wo arbeiten Sie? g) Ich bin im Export. h) Haben Sie eine Wohnung? i) Nein, ich suche eine Wohnung in Dresden. j) Meine Familie wohnt in Bremen. k) Ich fahre am Wochenende nach Hause. l) Meine Frau und die Kinder kommen auch nach Dresden.

**Übung 10** Mein Name ist –> sein – er/sie ist; ich heiße –> heißen – er/sie heißt; Ich arbeite –> arbeiten – er/sie arbeitet; arbeiten Sie –> arbeiten; Sind Sie –> sein; Ich wohne –> wohnen – er/sie wohnt; suche ich –> suchen – er/sie sucht; Helfen Sie –> helfen – er/sie hilft; Das ist –> sein; brauchen Sie –> brauchen – er/sie braucht; Ich habe –> haben – er/sie hat; Meine Familie ist –> sein; Die Kinder gehen –> gehen – er/sie geht; wohnen Sie –> wohnen; Ich habe –> haben; Ich bringe –> bringen – er/sie bringt; finden Sie –> finden – er/sie findet; das ist –> sein.

Fragen: Und Sie? Sind Sie aus Frankfurt? Helfen Sie mir? Wie viele Zimmer brauchen Sie? Und wo wohnen Sie jetzt?

**Übung 11** a) Ich bin viel Motorrad gefahren. b) Ich habe einen Unfall gehabt. c) Ich bin in eine Wiese gefallen. d) Ich habe später nichts mehr gewusst. e) Ich bin lange im Krankenhaus gewesen. f) Ich habe Glück im Unglück gehabt.

**Übung 12** a) Habt ihr etwas gegessen? b) Warum hast du nicht gewartet? c) Sind Sie geflogen oder mit dem Zug gefahren? d) Wir haben uns um zehn getroffen. e) Was ist passiert?

**Übung 13** a) Ich bin zuerst in die Gesamtschule gegangen. b) Dann bin ich in die Realschule gewechselt. c) Ich habe eine Lehre gemacht. d) Ich habe dann ein Tischlermeister-Stipendium bekommen. e) Die Prüfung habe ich mit Gut abgeschlossen. f) Ich habe zuerst bei meinem Vater gearbeitet.
g) Aber dann bin ich selbstständig geworden und habe eine Firma gegründet. h) Wir haben viele Aufträge gehabt. i) Dann bin ich aber krank geworden und habe schließlich zugemacht. j) Jetzt habe ich Arbeit bei einer Baufirma gefunden.

**Übung 14** a) Er war faul in der Schule. b) Aber er hatte ein Motorrad und viele Freunde. c) Er hatte keine Arbeit. d) Dann hatte er eine Idee. e) Jetzt hat er eine Firma und viele Mitarbeiter. f) Er ist bekannt in der Computerbranche.

**Übung 15** a) Er war Physiker. b) Er lebte von 1879 bis 1955. c) Er besuchte in München das Gymnasium. d) Er verließ es ohne Prüfung. e) Mathematik interessierte ihn sehr. f) Er studierte in Zürich. g) Mit 24 Jahren wurde er Professor. h) Mit 42 Jahren bekam er den Nobelpreis für Physik.
Der Mann heißt Albert Einstein.

a) Sie war Pianistin und Komponistin. b) Sie wurde in Leipzig geboren.
c) Sie machte Reisen durch ganz Europa und gab Konzerte. d) Sie heiratete den Komponisten Robert Schumann. e) Sie zog nach Berlin und lebte später in Baden-Baden und Frankfurt am Main. f) Sie lehrte am Konservatorium. g) Sie interpretierte die Werke ihres Mannes. h) Zusammen mit Johannes Brahms veröffentlichte sie die Werke Schumanns.
Die Frau heißt Clara Schumann.

a) Ich habe ein Buch über Clara Schumann gelesen. b) Das hat mich sehr fasziniert. c) Sie hat Konzerte in ganz Europa gegeben. d) Sie hat eine

Familie mit acht Kindern gehabt. e) Sie hat Schumann, Beethoven und Brahms gespielt. f) Sie hat die Werke von Schumann veröffentlicht.

**Übung 16** u: fuhr, wuchs
a: aß, fand, gewann, trank, kam, nahm
o: flog, fror, zog, schloss, verlor
ie: hieß, lief, blieb, schrieb, überwies, schlief
i: stritt, fing

**Übung 17** besuchte – besuchen; arbeitete – arbeiten; lernte – lernen; blieb – bleiben; war – sein; ließ – lassen; wartete – warten; studierte – studieren; kam – kommen

Die Verben sind in der 1. und der 3. Person Singular gleich. Sie haben in der 1. und der 3. Person Singular keine Endung. Die regelmäßigen Verben haben *-te-* + Endung. Die unregelmäßigen Verben verändern meistens den Vokal.

**Übung 18** a) fahren, gefahren b) kommen, gekommen c) sehen, gesehen d) fliegen, geflogen e) finden, gefunden f) helfen, geholfen g) lesen, gelesen h) wissen, gewusst i) rufen, gerufen j) mögen, gemocht k) geben, gegeben l) gehen, gegangen m) essen, gegessen n) trinken, getrunken o) bleiben, geblieben p) sein, gewesen q) schlafen, geschlafen r) senden, gesandt s) werden, geworden t) lassen, gelassen u) verlieren, verloren v) sitzen, gesessen

**Übung 19** b) trainieren, er/sie trainiert, trainierte, hat trainiert c) buchstabieren, er/sie buchstabiert, buchstabierte, hat buchstabiert d) studieren, er/sie studiert, studierte, hat studiert e) demonstrieren, er/sie demonstriert, demonstrierte, hat demonstriert f) produzieren, er/sie produziert, produzierte, hat produziert

Regel: Verben auf *-ieren* sind regelmäßig.

**Übung 20** a) Tom ist 1970 geboren. b) 1976 ist er in die Schule gekommen. c) 1988 hat er seinen Führerschein gemacht. d) 1989 hat er mit dem Studium angefangen. e) 5 Jahre später hat er endlich Geld verdient. f) Er hat eine Wohnung gemietet. g) Geheiratet hat er aber noch nicht.

**Übung 21 a)** Perfekt: *sind Sie gegangen*, gehen, unregelmäßig; *Ich bin gegangen*; *Ich habe besucht*, besuchen, regelmäßig; *Ich habe gemacht*, machen, regelmäßig; *Ich habe bekommen*, bekommen, unregelmäßig; *haben Sie stu-*

*diert*, studieren, regelmäßig; *Ich habe gewechselt*, wechseln, regelmäßig; *Ich habe studiert; haben Sie studiert; habe ich gemacht; Haben Sie unterrichtet*, unterrichten, regelmäßig; *Ich habe gegeben*, geben, unregelmäßig; *habe ich gearbeitet*, arbeiten, regelmäßig; *Ich habe mitgebracht*, mitbringen, unregelmäßig

Präteritum: wollte ich, wollen; das war, sein; Ich musste, müssen; war ich, sein; Ich hatte, haben

Verb + Subjekt: sind Sie, ich bin, ich habe, wollte ich, das war, Ich habe, Ich musste, haben Sie, Ich habe, haben Sie, war ich, habe ich, Ich hatte, Haben Sie, Ich habe, habe ich, möchte ich, Ich habe

**Übung 21 b)** war, sein, unregelmäßig; musste, müssen, unregelmäßig; war, sein, unregelmäßig; lernte, lernen, regelmäßig; konnte, können, unregelmäßig; hatten, haben, unregelmäßig; kamen, kommen, unregelmäßig; qualifizierte, qualifizieren, regelmäßig

**Übung 21 c)** Präteritum: wollte, wollen; kam, kommen; lief, laufen; hatte, haben; passierte, passieren; konnte, können; wusste, wissen

Perfekt: hat verändert, verändern; ist passiert, passieren; sind gefahren, fahren; ist liegen geblieben, bleiben; bin geflogen, fliegen; gekommen bin, kommen; habe verbracht, verbringen

| Position I | Position II | Position III |
|---|---|---|
| *Die Saison* | beginnt | im Frühjahr. |
| Da | passieren | *die Unfälle.* |
| Nach der Pause im Winter | haben | *die Motorradfahrer* … |
| *Der April vor vier Jahren* | hat | mein Leben … |
| *Ich* | wollte | eigentlich … |
| Aber dann | kam | *alles* anders. |
| *Mein Leben* | lief | nicht mehr normal. |
| Und so | ist | *es* passiert: |
| *Ich* | hatte | eine schwere Maschine |
| und | | |
| *wir* | sind | zum Gardasee gefahren. |
| Plötzlich | passierte | *es.* |
| *Ein Autofahrer* | sieht | nicht … |
| *Ich* | bremse, schleudere und stürze | … |
| Dann | weiß | *ich* nichts mehr. |

| | | |
|---|---|---|
| *Mein Motorrad* | ist | auf der Straße ... |
| *Ich* | bin | über eine Mauer ... |
| Später | konnte | *ich* mich ... |
| *Ich* | wusste | nicht einmal ... |
| In den folgenden Jahren | habe | *ich* viele Monate ... |
| In meinen Träumen | falle | *ich* immer noch, |
| *das* | hört | nicht auf ... |
| Heute | besuche | *ich* eine Grafikerschule. |
| *Ich* | bin | der Älteste ... |
| Motorrad | fahre | *ich* inzwischen ... |

**Übung 22** a) Was wird im Jahr 2000 sein? b) Rauchen wird verboten sein. c) Die Menschen werden noch mehr arbeiten. d) Die Arbeit wird knapp sein. e) Jeder wird mit jedem kommunizieren. f) Werden die Menschen glücklicher sein? g) Das wird wahrscheinlich nicht passieren.

**Übung 23** a) Ende Juli fangen die Ferien an. / Ende Juli werden die Ferien anfangen. b) Ab Juli rollen die Autos nach Süden. / Ab Juli werden die Autos nach Süden rollen. c) Es wird ein Verkehrschaos geben. d) Der Verkehr wird jährlich zunehmen. e) Auch der Flugverkehr wird zunehmen. f) Wir werden Lösungen finden müssen. g) Das wird nicht einfach sein.

**Übung 24** a) Um Mitternacht schlägt die Uhr zwölf Mal. / Um Mitternacht wird die Uhr zwölf Mal schlagen. b) Morgen gibt es Regen. / Morgen wird es Regen geben. c) Das Wochenende wird schön. / Das Wochenende wird schön werden. d) Die meisten fahren schon am Freitag ins Wochenende. / Die meisten werden schon am Freitag ins Wochenende fahren. e) Jeden Freitagnachmittag gibt es viele Verkehrsstaus. / Jeden Freitagnachmittag wird es viele Verkehrsstaus geben. f) Nur bei Regen bleiben die Menschen zu Hause. / Nur bei Regen werden die Menschen zu Hause bleiben.

**Übung 25** a) Martin und Sigi, ihr werdet sofort euer Zimmer aufräumen. b) Klarissa, du wirst sofort deine Aufgaben machen. c) Martin, du wirst Papa helfen. d) Carola wird abtrocknen. e) Isa wird den Tisch decken. f) Um sieben werden wir essen.

**Übung 26** 2 Vollverben, 4 Hilfsverben

**Übung 27** a) Kannst du kommen? b) Er will in Berlin arbeiten. c) Sie muss zu Hause bleiben. d) Sie darf/dürfen nicht arbeiten. e) Der Arzt sagt, sie soll/sollen zu Hause bleiben.

**Übung 28** a) Wollen/Möchten Sie unsere Exportleiterin kennen lernen? – Ja, gern. b) Darf ich vorstellen? Das ist Herr Moser, unser Vertreter aus Italien, das ist Frau Wiedemann. c) Ich möchte / kann / darf / will Ihnen jetzt den Betrieb zeigen. d) Wir können zuerst in die Auftragsabteilung gehen. e) Möchten/Wollen Sie auch das Lager sehen? f) Sie können noch die Abteilung Fortbildung besuchen. g) Sie können/sollen/müssen an einer Besprechung der Marketing-Abteilung teilnehmen. h) Wir gehen um 12 Uhr in die Kantine. Möchten Sie lieber Fisch oder Fleisch?

**Übung 29** Verben mit regelmäßigen Formen: reden, lernen
Verben mit *-e* + Endung: arbeiten
Verben mit unregelmäßigen Formen: sein, kommen, sprechen, haben, geben, werden, fahren
Modalverben: dürfen, müssen, sollen, können, wollen

**Übung 30** a) wōhnĕn, kŏmmĕn b) dīe Lĭstĕ c) Ēvă und Pētĕr ĕssĕn. d) Dăs wĭssĕn Sīe sĭchĕr.

**Übung 31** a) Der Infinitiv heißt „müssen". b) Wie schreiben Sie „er muss"? c) „Wissen" müssen Sie mit ss schreiben. d) „Er weiß" schreiben Sie mit ß. e) „Die Straße" hat ein ß. Das a ist lang. f) „essen" hat ss. Das e ist kurz. „Er isst" schreiben Sie mit ss. Das ist neu. g) Buchstabieren Sie bitte „reisen": r-e-i-s-e-n. Es gibt Geschäftsreisen und Urlaubsreisen.

**Übung 32** a) Ich kann nicht Klavier spielen. b) Ich möchte nach Hause telefonieren. c) Ich möchte den Chef sprechen. d) Ich kann (nicht) Spanisch sprechen. e) Ich darf keinen Lärm machen. f) Ich darf nicht bei Rot über die Kreuzung gehen. g) Ich möchte Sie zum Kaffee einladen. h) Ich kann leider nicht früher kommen.

**Übung 33** Ich mag dich. Du magst mich. Er/sie mag Mathematik. Wir mögen Sprachen. Ihr mögt Partys. Sie mögen keinen Kaffee.

**Übung 34** wollen, müssen, sollen, können
Könntest du?
wollen und sollen

**Übung 35** Wissen Sie was? – Ich weiß nichts. – Ich weiß schon lange, dass … – Das wusste ich auch. Aber ich hatte es vergessen. – Na sehen Sie. Alle haben es nämlich gewusst. Und seit gestern weiß ich auch … – Na klar. Das weiß ich auch …

**Übung 36** a) Arbeit zu Hause kann schön sein: kein Chef, keine Arbeitszeiten und Essen in der Familie. b) Man kann am Vormittag, am Nachmittag oder abends arbeiten. c) Tele-Arbeit kann die Lösung für die Zukunft sein. d) Besonders Berufe in der Textverarbeitung und Informatik sind geeignet. Tele-Arbeit kann viele Arbeitsplätze schaffen. e) Mütter mit Kindern möchten gern zu Hause arbeiten. f) Sie müssen kochen und die Kinder zur Schule bringen. Daneben können sie aber auch Geld verdienen. g) Tele-Arbeit heißt 60 % der Zeit zu Hause arbeiten und 40 % im Büro. D.h. Tele-Arbeiter können ihren Arbeitsplatz zu Hause verlassen und haben einen Schreibtisch im Büro. h) Sie müssen/sollen regelmäßig ihren Chef und ihre Kollegen sprechen. i) Allein zu Hause arbeiten kann ein Problem sein. Psychologen warnen: Isolation droht. Tele-Arbeiter sollen/müssen deshalb engen Kontakt zu ihrem Büro halten. j) Sie interessieren sich für Tele-Arbeit? Dann müssen Sie genau wissen, was Sie wollen. Tele-Arbeit ist neu und hat Vorteile, aber auch Nachteile.

**Übung 37** a) Könnten Sie mir helfen? b) Könnte ich Sie etwas fragen? c) Dürfte ich kurz telefonieren? d) Dürften wir hier rauchen? e) Könnten wir eine Pause machen? f) Dürfte ich Sie unterbrechen? g) Könnte ich mal die Prospekte sehen? h) Könnten Sie mir ein Taxi rufen? i) Dürfte ich das kopieren? j) Könnten Sie die Auskunft anrufen? k) Könnte ich das Fenster aufmachen? l) Könnten wir einen Kaffee haben? m) Könnte ich ein Fax schicken? n) Könnte ich die CD-ROM haben?

**Übung 38** sollen: Ratschlag; können: Möglichkeit; wollen: Wunsch

**Übung 39** a) Er hat die Briefe liegen lassen. b) Sie hat den Computer reparieren lassen. c) Sie hat Dieter nicht an den Computer gelassen. d) Sie hat ihn links liegen lassen. (idiomatische Wendung: Sie hat ihn nicht beachtet.) e) Er hat den Computer laufen lassen. f) Sie hat das Gerät holen lassen.

**Übung 40** a) Lass das! b) Da lässt sich nichts machen. c) Lass nur! Ich mache das schon. d) Das lässt sich machen. e) Lassen Sie sich nichts gefallen! f) Leben und leben lassen.

**Übung 41** a) Brauchen Sie Hilfe? b) Ist alles in Ordnung oder braucht ihr etwas? c) Ich brauche jetzt einen Kaffee. d) Wir brauchen kein Handy. e) Du wirst ein Handy brauchen. Es ist praktisch. f) Ich brauche nicht mit einem Handy zu telefonieren, ich habe ein Telefon. g) In der Natur oder beim Sport brauche ich nicht zu telefonieren. h) Aber in der Firma oder unterwegs brauchst du die Kommunikation.
Im Satz f) und g) ist *brauchen* modales Hilfsverb.

**Übung 42** Die Mischverben haben im Präteritum und Perfekt den Vokal *a*.

**Übung 43** a) Warum bist du so gerannt? b) Hast du etwas mitgebracht? c) Tante Birgit hat ein Päckchen gesandt. d) Sie hat an deinen Geburtstag gedacht. e) Ich habe sie immer Tantchen genannt. f) Auf dem Foto habe ich sie sofort erkannt. g) Weihnachten hat unser Weihnachtsbaum gebrannt. h) Er rennt/rannte zum Bahnhof. i) Er bringt/brachte die Zeitung. j) Er kennt/kannte die Leute. k) Wir senden/sendeten eine E-Mail. l) Was denkst/dachtest du?

**Übung 45** ab, an, aus, weg, vorbei, um
Es sind Präpositionen und Adverbien.

**Übung 46** a) wiederhólen b) übersétzen c) wíedergeben d) zúhören e) zusámmenarbeiten f) vórschlagen g) fésthalten h) gefällen

Regel: Trennbare Verben betonen die Vorsilbe.
Untrennbare Verben betonen den Verbstamm.

**Übung 47** Trennbare Verben:
*ausholen* – er holt aus – Er holt zum Schlag aus. *abholen* – er holt ab – Er hat seine Oma vom Bahnhof abgeholt. *zurückholen* – er holt zurück – Ihre Freundin hat sie um 50 Mark betrogen; sie hat sich das Geld zurückgeholt. *anmachen* – er macht an – Kurz vor 8 macht er den Fernseher an. *ausmachen* – er macht aus – Er macht ihn gegen 12 Uhr aus. *weitermachen* – er macht weiter – Nach der Pause machen wir weiter. *vormachen* – er macht vor – Der Lehrer macht uns die schwierigen Übungen vor. *angehen* – etwas geht jemanden etwas an – Das geht dich nichts an. *ausgehen* – er geht aus – Gehen wir heute Abend aus? *weitergehen* – er geht weiter – Nach der Werbung geht der Film weiter. *vorgehen* – er geht vor – Wie seid ihr bei der Lösung vorgegangen? *weggehen* – er geht weg – Nach dem Streit ging sie weg ohne etwas zu sagen. *untergehen* – er geht unter – Nach der Kollision mit dem Eisberg ging die Titanic unter. *zurückgehen* – er geht zurück – Ich habe meinen Schirm vergessen. Ich gehe zurück und hole ihn.

Untrennbare Verben: *erholen* – er erholt sich – Er hat sich im Urlaub gut erholt. *wiederholen* – er wiederholt – Wiederholen Sie bitte die trennbaren Verben. *vermachen* – er vermacht – Seine Großmutter hat ihm das Haus vermacht. *vergehen* – er vergeht – Ich habe eine Tablette genommen; die Schmerzen vergehen gleich. *begehen* – er begeht – Er hat das Verbrechen nicht begangen.

**Übung 48** a) Wann haben Sie gefrühstückt? Ich habe gestern nicht gefrühstückt. c) er/sie frühstückt d) *frühstücken* betont die Vorsilbe, das Verb ist aber nicht trennbar.

**Übung 49** a) Schi fahren b) kennen lernen c) Auto fahren d) spazieren gehen e) Maschine schreiben f) sauber machen g) sitzen bleiben h) sitzen bleiben i) stehen bleiben j) wegfahren k) übrig bleiben

**Übung 50** b) zusammenarbeiten – er/sie arbeitet zusammen c) anmelden – er/sie meldet an d) vorschlagen – er/sie schlägt vor e) beitragen – er/sie trägt bei f) einladen – er/sie lädt ein g) vorstellen – er/sie stellt vor h) übersetzen – er/sie übersetzt i) entscheiden – er/sie entscheidet j) verbrauchen – er/sie verbraucht k) verlieren – er/sie verliert

**Übung 51** *Auto fahren*, er/sie fährt Auto, fuhr Auto, ist Auto gefahren; *Schi fahren*, er/sie fährt Ski, fuhr Ski, ist Ski gefahren; *Schlittschuh laufen*, er/sie läuft Schlittschuh, lief Schlittschuh, ist Schlittschuh gelaufen; *Maschine schreiben*, er/sie schreibt Maschine, schrieb Maschine, hat Maschine geschrieben; *sitzen bleiben*, er/sie bleibt sitzen, blieb sitzen, ist sitzen geblieben; *fernsehen*, er/sie sieht fern, sah fern, hat ferngesehen; *fest halten*, er/sie hält fest, hielt fest, hat festgehalten; *festhalten*, er/sie hält fest, hielt fest, hat fest gehalten

sitzen lassen, stehen lassen, liegen lassen, kommen lassen, sich gefallen lassen

sitzen bleiben, stehen bleiben, liegen bleiben

**Übung 52** er: sich; du: dich, dir; sie (Sg.): sich; wir: uns; sie (Pl.): sich; ich: mich, mir; Sie: sich; ihr: euch

Das Reflexivpronomen in der 3. Person Singular und Plural lautet *sich*. In der 1. und 2. Person Singular gibt es verschiedene Formen im Dativ und Akkusativ: *mich* und *mir*, *dich* und *dir*.

**Übung 53** a) Ich habe mich bei der Firma Textil beworben. b) Ich habe mich für einen Beruf im Verkauf entschlossen. c) Das stelle ich mir interessant vor. d) Ich interessiere mich für Mode. e) Ich habe mich vorher genau über die Firma informiert. f) Jetzt freue ich mich auf den Job.

**Übung 54** b) die Verlobung c) die Heirat d) der Streit e) die Trennung f) die Scheidung

**Übung 55** a) sich freuen b) sich wünschen c) sich interessieren d) sich vorstellen e) sich informieren f) sich ereignen g) sich bewerben h) sich unterhalten i) sich anmelden j) sich ärgern k) sich erkälten l) sich irren

**Übung 56** sich lohnen, sich bezahlt machen, sich weiterbilden, sich handeln

**Übung 57** a) Hast du dich bedankt? b) Er interessiert sich für Fußball. c) Warum ärgerst du dich? d) Wir kaufen uns einen Laptop. e) Sie hat sich beeilt. f) Hast du dir den Namen gemerkt? g) Warum enschuldigst du dich nicht? h) Sie hat sich gerade verabschiedet. i) Er hat sich bei Siemens beworben. j) Wir haben uns gut unterhalten. k) Er hat sich zum Sprachkurs angemeldet. l) Was wünschst du dir?

**Übung 58** b) Schreiben Sie bitte ein Fax an die Fa. Kölbel. c) Bereiten Sie bitte die Konferenz vor. d) Holen Sie bitte den Besuch am Empfang ab. e) Reservieren Sie bitte einen Tisch im Restaurant. f) Besorgen Sie bitte die Getränke. g) Bestellen Sie bitte ein Zimmer für eine Nacht. h) Legen Sie bitte die Prospekte hin.

a) Könnten Sie mir bitte den Brief der Firma Karl bringen? b) Könnten Sie bitte ein Fax an die Fa. Kölbel schreiben? c) Könnten Sie bitte die Konferenz vorbereiten? d) Könnten Sie bitte den Besuch am Empfang abholen? e) Könnten Sie bitte einen Tisch im Restaurant reservieren? f) Könnten Sie bitte die Getränke besorgen? g) Könnten Sie bitte ein Zimmer für eine Nacht bestellen? h) Könnten Sie bitte die Prospekte hinlegen?

**Übung 59** b) Informier dich genau. c) Sprich mit Lehrern, Eltern und Freunden über deinen Berufswunsch. d) Diskutier die Vorteile und Nachteile. e) Entscheid dich doch für einen Jungenberuf. f) Sei doch nicht enttäuscht. g) Mach zuerst ein Praktikum.

**Übung 60** a) Schalte das Gerät ein. b) Drück die Taste OPEN. c) Leg die CD ein. d) Starte die Wiedergabe und drücke PLAY. e) Such einen bestimmten Abschnitt. f) Halte die Taste. g) Lass die Taste los. h) Programmier die Titel in einer Reihenfolge. i) Stopp die Wiedergabe. j) Fass nie auf die CD. Halte sie am Rand. k) Spiel keine kaputte CD ab.

**Übung 61** Rufen Sie uns an. – Informieren Sie sich. – Sprechen Sie mit uns. – Fordern Sie unseren Katalog an. – Rufen Sie uns an. – Dann kommen Sie zu uns. – …, dann rufen Sie uns an.

**Übung 62** a) Das Wetter ist nicht schön. b) Das Essen ist nicht gut. c) Die Arbeit gefällt mir nicht. d) Ich trinke keinen Kaffee. e) Ich freue mich nicht auf den Urlaub. f) Ich rufe Herrn Schmidt nicht an.

**Übung 63** a) Herr Eberl arbeitet nicht. b) Er arbeitet nicht gern. c) Er fährt nicht mit dem Auto ins Büro. d) Er interessiert sich nicht für Politik. e) Er hat dem Kollegen nicht gratuliert. f) Er hat kein Fax geschrieben. g) Er kann nicht Auto fahren. h) Er kann nicht gut Auto fahren.

**Übung 64** a) Fahr auf Landstraßen nicht über 100. b) Trink keinen Alkohol. c) Fahr bei Nebel nicht so schnell. d) Brems nicht so plötzlich. e) Fahr nicht so schnell. f) Fahr in der Stadt nicht über 50. g) Telefonier beim Fahren nicht. h) Hup nicht so oft. i) Überhol(e) nicht in der Kurve. j) Fahr nicht so weit links.

# II. Das Substantiv

**Übung 1** a) der Norden b) das Motorrad c) die Rose d) der Motor e) die Wirtschaft f) die Kultur g) der Optimismus h) das Zentrum i) das Essen j) die Einladung k) der Praktikant l) der Nachmittag m) der Sonntag n) das Jahr o) die Partei p) der/die Reisende q) das Auto r) der Wagen s) der Kuchen t) die Woche

**Übung 2** a) der Film b) der Ort c) der Tisch d) das Bett e) der Stuhl

Regel: Einsilbige Substantive sind oft maskulin.

**Übung 3** die Mechanikerin, (die Chefin), die Frisörin / die Frisöse, der Arzthelfer, die Ingenieurin, die Elektronikerin, der Chef, der Leiter, die Schornsteinfegerin, der Redakteur, die Kollegin, die Fachfrau, (die Auszubildende), die Meisterin, die Handwerkerin, der Manager, der Flugzeugbauer

**Übung 4** die Fachgehilfin, die Tischlerin, die Politikerin, die Schülerin, die Pilotin, die Frisörin / die Frisöse, die Gärtnerin, die Malerin, die Ärztin, die Verkäuferin, die Rechtsanwältin, die Kauffrau

Regel: Feminine Berufsbezeichnungen haben meistens die Endung *-in*.
Regel: Berufsbezeichnungen auf *-er* sind maskulin.

**Übung 5** a) die EU b) der IC c) der FC Bayern d) der VW e) die SZ f) die SPD g) die CDU h) die DM i) der PKW j) der LKW

**Übung 6** b) Ja, die ist wichtig. c) Ja, der ist wichtig. d) Ja, der ist wichtig. e) Ja, die ist wichtig. f) Ja, die ist wichtig. g) Ja, der ist wichtig. h) Ja, die ist wichtig. i) Ja, die ist wichtig. j) Ja, das ist wichtig. k) Ja, die ist wichtig.

**Übung 7** Regel: Substantive auf *-e* sind meistens feminin.

**Übung 8** Das Wort heißt: der / die Reisende

**Übung 9** Sind Sie / sie berufstätig?; Was sind Sie von Beruf?

**Übung 10** Das Haus ist eine Schule. Ich bin Motorradfahrer. Fritz fährt Fahrrad. Herr Imhoff kommt aus der Schweiz.

**Übung 11 b)** der Name, der Vorname, der Geburtsort, das Geburtsdatum, die Nationalität, die Adresse / die Anschrift, die Unterschrift

**Übung 12** a) die Einheit b) die Tätigkeit c) die Krankheit d) die Geschwindigkeit e) die Gesundheit f) die Möglichkeit g) die Gelegenheit h) die Faulheit

**Übung 13** a) der Maler, das Gemälde b) der Planer, der Plan, die Planung c) der Fahrer, die Rückfahrt d) der Student, das Studium e) der Leiter, die Leitung f) der Arbeiter, die Arbeit g) der Verkäufer, der Verkauf h) der Tischler, der Tisch, die Tischlerei i) der Fahrradfahrer

**Übung 14** b) das Schifahren c) das Wandern d) der/das Junge e) der/die Jugendliche f) der Braune g) das Helle h) der Klare

**Übung 15** a) das Erlebnis, -se → die Erlebnisse b) das Foto, -s → die Fotos c) der LKW, -s → die LKWs d) der Lehrer, - → die Lehrer e) die Kartoffel, -n → die Kartoffeln f) der Apfel, ¨ → die Äpfel

**Übung 16** a) kein Plural b) die Straßen c) die Busse d) die PKWs e) kein Plural f) kein Plural

**Übung 17** ein Glas / eine Flasche / ein Liter Wein; ein Pfund / eine Portion / ein Stück Butter; ein Liter / ein Pfund / eine Tasse / ein Becher / eine Portion Kaffee; eine Tasse / ein Teller Suppe; ein Glas / ein Pfund / ein Becher / eine Portion Jogurt; ein Glas / ein Pfund / eine Portion Honig; ein Pfund / eine Portion / eine Scheibe / ein Stück Käse; ein Pfund / eine Portion / eine Scheibe / ein Stück Schinken; ein Pfund / eine Portion / eine Scheibe / ein Stück Brot; ein Stück Kuchen; ein Pfund / eine Portion / eine Scheibe / ein Stück Wurst

**Übung 18** der Schüler, die Schüler; das Zimmer, die Zimmer; der Manager, die Manager; der Handwerker, die Handwerker; das Häuschen, die Häuschen; der Maler, die Maler

**Übung 19** Was es nur im Singular gibt: Mineralwasser*, Kaffee, Obst, Fleisch, Zucker, Butter, Tee*, Mehl*, Gemüse, Milch, Müsli*
* Die Plurale *Mineralwässer, Tees, Mehle, Müslis* bedeuten „verschiedene Sorten".
Was es im Singular und Plural gibt: Fisch, Apfel, Wurst, Kirsche, Erdäpfel, Erdbeere, Kartoffel, Getränk, Weintraube

**Übung 21** Singular: Milch, Spinat, Brot, Becher, Sahne; Schnittkäse, Speisequark
Plural: Kartoffeln, Brötchen, Eier, Tomaten

Substantive im Plural: Zwiebeln – die Zwiebel; Kartoffeln – die Kartoffel; Brötchen – das Brötchen; Äpfel – der Apfel; Weintrauben – die Weintraube; Bananen – die Banane; Getränke – das Getränk

Substantive im Singular: der Spinat, das Ei, die Sahne, das Mineralwasser, die Lino(nade), das/die Cola, das Bier, der Frankenwein, das Angebot

**Übung 22** a) der Beruf des Fotografen b) die Mutter von Herrn Neumann c) Gabrieles Kinder d) der Bürgermeister von Bremen e) die Präsidentin des Bundestages f) die Vereinigung Deutschlands g) Er schreibt dem Bundeskanzler einen Brief. h) Sie schreibt einen Leserbrief. i) Kennen Sie meinen Kollegen? j) Ich werde Herrn Petrelli meinem Kollegen vorstellen.

**Übung 23** a) des Mannes b) der Frau c) des Meisters d) der Praktikantin e) des Türken f) des Griechen g) des Namens h) des Albaners i) des Herrn j) der Dame k) des Dozenten l) des Lehrers m) der Lehrerin n) des Brief(e)s

**Übung 24** Ich trage gern Pullover / Turnschuhe / Kleider / Hosenanzüge / Hemden / Hosen / Overalls.

**Übung 25** a) Gib doch den Kindern ein Taschengeld! b) Schreib doch unseren Eltern eine Karte! c) Bring doch den Geschwistern ein Geschenk mit! d) Glaub doch den Politikern kein Wort! e) Schenk doch unseren Gästen einen Atlas!

**Übung 26** Einen Mantel können Männer oder Frauen tragen. Einen Schal können ebenfalls Männer oder Frauen tragen. Frauen tragen eine Bluse. Frauen tragen ein Kleid. Männer tragen eine Badehose. Eine Jacke können Männer oder Frauen tragen. Handschuhe können ebenfalls Männer oder Frauen tragen. Männer tragen ein Hemd. Einen Hut können Männer oder Frauen tragen. In Schottland tragen auch Männer einen Rock. Eine Hose können Männer oder Frauen tragen. Einen Schlips tragen normalerweise nur Männer. Einen Bikini tragen Frauen. Turnschuhe können Männer oder Frauen tragen. Frauen tragen einen Hosenanzug, Männer einen Anzug. Im letzten Jahrhundert trugen auch Männer einen Badeanzug.

**Übung 27** Regel: Maskulin auf *-er* und feminin auf *-erinnen.*
Maskulin auf *-e* und feminin auf *-in* ohne *-e.*
Regel: *-er* bleibt im Plural *-er.*
Der Plural feminin hat die Endung *-erinnen* oder *-innen.*

**Übung 28 a)** Kennen Sie Herrn Maier? Nein? Warten Sie, ich stelle Sie vor. Guten Tag, Herr Maier. Darf ich Ihnen Frau Schulte vorstellen? …
der Herr, den Herrn, dem Herrn, des Herrn; die Herren, die Herren, den Herren, der Herren

**Übung 28 b)** geht spazieren – Dr. Faust, treffen – sie, benimmt – der, sind fasziniert – sie, nehmen mit – sie, bellt – der Pudel, beginnt zu wachsen – der Pudel, ist so groß – er, verschwindet – das Tier, tritt heraus – Mephisto, ist verkleidet – Mephisto, war – das, ruft – Faust

**Übung 29** a) Was isst Klaus? b) Morgen schreibt er einen Aufsatz. c) Warum ist er wütend? d) Natürlich finden wir ihn nett. e) Nein, heute brauchst du nicht aufzuräumen. / musst du nicht aufräumen. f) Nächste Woche möchte Martina verreisen.

**Übung 30** Die Subjekte sind: a) Klaus, b) Martin c) Er d) Helmut, ihr e) Du, ich, du f) Martina

**Übung 31** die Hotelanmeldung, der Hotelportier, das Hotelzimmer, der Hoteldirektor, die Hotelrechnung, der Hotelgast

# III. Artikelwörter

**Übung 1** Ich kenne einen Experten. Ich kenne keinen Studenten. Ich kenne keine Biologen. Ich kenne viele Idealisten. Ich kenne einen Philosophen. Ich kenne keinen Juristen. Ich kenne keine Pessimisten. Ich kenne viele Architekten. Ich kenne keinen Bären. Ich kenne keine Bürokraten. Ich kenne viele Optimisten.

**Übung 2** a) Er ist Musiker. b) Er ist sogar ein guter Musiker. c) Er ist aber kein Solist, sondern Orchestermusiker. d) Das/Ein Orchester reist viel, auch ins Ausland. e) Er war schon in Japan und in den USA. f) Die nächste Reise ist Ostern. Es ist eine Europa-Reise.

**Übung 3** a) (Der) Urlaub am Bodensee. b) Der Bodensee ist beliebt. c) In letzter Zeit ist aber die Zahl der Besucher zurückgegangen. d) Die Schweiz, Österreich und die Bundesrepublik machen jetzt ein gemeinsames Programm. e) Im April erscheint die/eine neue Broschüre. f) Es gibt am Bodensee eine Oldtimer-Eisenbahn. g) Für die Eisenbahn sind Aktionstage geplant.

**Übung 4** a) Ich möchte eine Tageszeitung. – Die Süddeutsche oder die Frankfurter Allgemeine? b) Hat die Gruppe einen Reiseleiter? – Ja, der Reiseleiter ist Herr Schwarz. c) Ich wünsche mir einen Urlaub am Meer. – O.k., buchen wir den Urlaub. d) Möchtest du Kaffee oder Tee? – Tee, bitte. Der Kaffee ist alle, glaube ich.

**Übung 5** Was das/ein Konzert kostet; Musik im Fernsehen; Reise und Erholung; Der/Ein Abend im Fernsehen; (Der) Urlaub mit Sport und Spaß.

**Übung 6** Musik im Fernsehen
In der Sendung „Apropos Musik" berichten wir über die türkischen Rap-Superstars „Cartel". Sie haben inzwischen auch in Deutschland ein großes Publikum.

**Übung 7 a)** der Urlaub, *Plural nicht üblich*; der Individualist, die Individualisten; der Sommer, die Sommer; das Gästehaus, die Gästehäuser; das Doppelzimmer, die Doppelzimmer; das Frühstücksbuffet, die Frühstücksbuffets; die Halbpension, *Plural nicht üblich*; das Schwimmbad, die Schwimmbäder; der Strand, die Strände; das Stadtzentrum, die Stadtzentren; der Massentourismus, *Plural nicht üblich*; die Atmosphäre, *Plural nicht üblich*

**Übung 7 b)** Artikelwörter mit Substantiven, Adjektiven und Präpositionen: der Urlaub, In diesem Jahr, das Wetter, Dieses Jahr, kein Regen, kein Urlaub, jedes

Mal, eine Überraschung, in diesem Jahr, zum Schifahren, in dieselbe Gegend, in dasselbe Hotel, Im Gegenteil, Jedes Jahr

Ausdrücke ohne Artikelwort: Letztes Jahr, nur Sonne, Auf welche Wochentage, Weihnachten, an Urlaub, Auf Donnerstag und Freitag, schöner Schnee, frische Luft

**Übung 7 c)** eine Anzeige, in der Süddeutschen, eine Anzeige, die Woche, die Pension, jedes Jahr, Jeder Mensch, einer Pension, Die Autobahnen, im August, eine Woche, Den Rest des Urlaubs, ein Vorschlag

ohne Artikel: Insel Sylt, Pension mit Komfort, Mit Komfort, irgendwelche Angebote, viel Reklame, zu Hause, Urlaub, von zu Hause, Zu Hause, Bücher, Computer, Fernseher, Gott, Dank, Rad, zu Hause, Kompromiss, zu Hause

# IV. Personalpronomen

**Übung 1**

Hallo, Max, wie geht's? Man sieht dich ja kaum noch.
Guten Abend, Frau Henrich.
Guten Abend, schön, Sie mal wieder zu sehen.
Guten Abend, herzlich willkommen. Geben Sie mir Ihre Jacke?
Haben Sie / Hast du den Weg gleich gefunden?
Kein Problem. Sie haben / Du hast alles sehr gut beschrieben.
Na, wie geht's denn so? Studierst du noch?
Wir haben uns lange nicht gesehen. Sie sehen / Du siehst ja gut aus. Kompliment!
Komm, hier ist so viel Wirbel! Möchtest du auch eine Bowle?

**Übung 2**

Liebe Tina,
heute muss ich dir unbedingt schreiben. Was machen wir mit Mamas Geburtstag? Du weißt, es ist schwierig wie jedes Jahr. Sie sagt immer, sie braucht nichts, und dann freut sie sich natürlich doch, wenn wir uns etwas ausdenken. Ich möchte dir heute etwas vorschlagen. Wir schenken ihr wirklich nichts, d.h. nicht das Übliche, eine Tasche, einen Pullover oder so was. Wir schenken ihr einen Wochenendausflug und zwar mit uns allen. Wir fahren alle zusammen irgendwohin und essen gemütlich. Wir können auch übernachten. Was hältst du davon? Ruf mich bitte bald an.
Herzlichst Rolf
PS: Wir können uns natürlich auch hier treffen. Vielleicht spielt das Wetter nicht mit. Dann könnt ihr alle zu uns kommen. Du weißt, wir haben genug Platz. Wir müssen natürlich ein Programm machen. Kennst du Spiele? Also melde dich!

**Übung 3**

Wir möchten euch gern mal wieder sehen. – Wann habt ihr mal Zeit? – Passt es euch nächsten Samstag? – Nicht so gut. Da sind wir in Hannover. Leider. – Und in vierzehn Tagen? Was macht ihr da? – Da ist Annette nicht zu Hause. Sie ist auf einer Dienstreise. – Na! Jetzt bist du an der Reihe. Was schlägst du vor? – Ich spreche erst mit Annette. Dann rufe ich dich/euch zurück. – Gut! Melde dich aber bald. Wir gehen noch in den Biergarten. – Ja, wir wollen auch noch weg. Ich melde mich sofort. Tschüs! – Bis gleich.

**Übung 4**

kennen wir, haben Sie … erzählt, Ich war … neidisch, fahre ich, wollen wir … „du" sagen, Ich bin, ich bin, müssen wir anstoßen, machst du

**Übung 5**

a) Markus hat mir zum Geburtstag gratuliert. b) Er hat mich angerufen. Er möchte mich besuchen. c) Jörg hat mir nicht geantwortet. d) Frag mich doch! Ich erklär es dir. e) Christine ist verreist. Sie hat mir nichts gesagt. f) Kannst du mir helfen?

**Übung 6** a) Bernd hat mir geschrieben. Ich muss ihm sofort antworten. b) Beate, schmeckt es dir nicht? Was fehlt dir? c) Was wünscht ihr euch zu Weihnachten? d) Wir schenken ihnen etwas Praktisches. e) Ich habe einen Jogging-Anzug für Fred. Ich schenke ihn ihm. f) Für meine Schwester haben wir ein Fahrrad. Wir schenken es ihr.

**Übung 7** a) Hast du deinem Bruder das Päckchen geschickt? b) Schreib mir eine Karte aus dem Urlaub! c) Christoph erklärt die Regel seinem Nachbarn. d) Der Ober empfiehlt dem Gast das Schnitzel. e) Ich erzähle dir jetzt eine Geschichte. f) Martin schenkt seiner Freundin eine Kette zum Geburtstag.

**Übung 8** a) Das ist Maria Dolores Branco. Sie kommt aus Portugal. b) Kennen Sie Jan Maler? Er ist der Kollege von Konstantin. c) Das ist Paolo. Wir haben ihn in Florenz kennen gelernt. d) Wo sind denn die Kinder? Ich glaube, sie sind in Martins Zimmer. e) Kommt ihr? – Wir kommen sofort. f) Wir haben euch lange nicht gesehen.

**Übung 9** a) Herr Ober, was können Sie uns heute empfehlen? b) Ich habe von Achim ein Lexikon. – Und wann musst du es ihm zurückgeben? c) Wolf braucht eine Zange. Kannst du sie ihm bringen? d) Felix kann den Brief nicht lesen. Kannst du ihn ihm übersetzen? e) Der Vater verbietet den Kindern das Fernsehen. – Warum verbietet er es ihnen denn? f) Mario hat dir eine Geschichte erzählt. Kannst du sie mir noch einmal erzählen? g) Das Buch ist etwas für Christine. Schenk es ihr doch!

**Übung 10** a) Ich erkläre den Kollegen die Tabelle. b) Das Geschenk gefällt dem Jungen nicht. c) Der Fremdenführer zeigt den Touristen die Stadt. d) Frau Ehlers schreibt der Firma eine Karte aus dem Urlaub.

# V. Possessivartikel

**Übung 1** Wo ist dein Fotoapparat? Oh, den habe ich vergessen. Wie dumm! – Wo ist deine Taucherbrille? Oh, die habe ich vergessen. – Wo sind deine Schischuhe. Oh, die habe ich vergessen. – Wo sind deine Flossen? Oh, die habe ich vergessen. – Wo sind deine Badeschuhe? Oh, die habe ich vergessen. – Wo sind deine Tabletten? Oh, die habe ich vergessen. – Wo sind deine Schisocken? Oh, die habe ich vergessen. – Wo ist deine Sonnenbrille? Oh, die habe ich vergessen. – Wo ist dein Pullover? Oh, den habe ich vergessen. – Wo sind deine Handschuhe? Oh, die habe ich vergessen.

**Übung 2** Habt Ihr euren Fotoapparat dabei? Habt ihr eure Taucherbrille dabei? Habt Ihr eure Schischuhe dabei? Habt ihr eure Flossen dabei? Habt ihr eure Badeschuhe dabei? Habt ihr eure Tabletten dabei? Habt ihr eure Schisocken dabei? Habt ihr eure Sonnenbrille dabei? Habt ihr euren Pullover dabei? Habt ihr eure Handschuhe dabei?

**Übung 3** a) Das sind ihre CDs. b) Das ist sein CD-Player. c) Das ist sein Computer. d) Das ist ihre Plattensammlung. e) Das ist ihr Handy. f) Das ist ihr Videorekorder. g) Das ist sein Segelboot. h) Das ist sein Tennisschläger. i) Das ist ihr Surfbrett. j) Das sind seine Schier.

**Übung 4** a) Du meinst, unser nächster Urlaub. b) … unser Auto. c) … unsere Freunde d) … unser Feierabend e) … unser Wochenende f) … unsere Zeitung

**Übung 5** a) Die Mutter von meinem Vater. Das ist meine Großmutter. b) Der Vater von meinem Vater. Das ist mein Großvater. c) Die Schwester von meiner Mutter. Das ist meine Tante. d) Der Bruder von meiner Mutter. Das ist mein Onkel. e) Mein Vater und meine Mutter haben drei Kinder, eine Tochter und zwei Söhne. Ich bin der jüngste Sohn / die jüngste Tochter. f) Ich habe also zwei Geschwister. g) Mein Bruder hat einen Sohn und eine Tochter. Das sind mein Neffe und meine Nichte. h) Die Frau von meinem Sohn. Das ist meine Schwiegertochter. i) Der Mann von meiner Tochter. Das ist mein Schwiegersohn.

**Übung 7** mein Bruder, meine Schwägerin, dein Bruder, Meine Schwester, Meine Schwester Eva, bei unseren Eltern, meine Schwester Christine, meine Eltern, meine Familie

# VI. Das Adjektiv

**Übung 1** a) Ich habe großen Durst und riesigen Hunger. b) Ich trinke gern heißen Tee mit Rum. c) Ich mag nichts Warmes, Bier ist mir lieber. d) Ich freue mich auf einen grünen / großen / gesunden Salat. e) Ich esse lieber etwas Süßes / Heißes / Warmes. f) Salat ist aber gesund. g) Das Essen ist ja kalt. h) Die Soße ist so dick / süß / bitter, die schmeckt mir nicht. i) Der Braten ist hart / kalt / heiß / weich. j) Die Nudeln sind weich. k) Herr Ober, das Bier ist nicht kalt. l) Ich möchte frische Brötchen mit Butter und ein weiches Ei. m) Das Ei ist ja ganz hart! Die Konfitüre ist mir zu süß. n) Ich habe doch grüne Nudeln bestellt und keine Spagetti.

**Übung 2** a) ein schneller VW, ein schneller BMW, ein schnelles Motorrad b) das kalte Jahr, das kalte Wetter c) eine teure Reparatur d) ein gutes Essen, ein guter Kuchen, ein guter Wagen e) die internationale Politik f) das weite Meer g) das hässliche Kleid

**Übung 3** a) die großen Hotels b) die billigen Tickets c) die gelben Blumen d) die weißen Hemden e) die alten Villen f) die berufstätigen Menschen g) die neuen Büros h) die kalten Getränke

**Übung 4** a) mit großen Koffern b) mit guten Freunden c) mit alten Fahrrädern d) in billigen Hotels e) auf schönen Inseln f) mit schnellen Schiffen g) auf kleinen Campingplätzen h) an ruhigen Stränden i) mit schweren Rucksäcken j) in feinen Restaurants

**Übung 5 a)** Regel: Das Adjektiv ohne Artikel übernimmt die Endung des Artikels. Ausnahmen: Genitiv Singular maskulin und neutral.

**Übung 5 b)** Singular: die gesunde Luft, die gesunde Luft, mit der gesunden Luft, die Folge der gesunden Luft; gesunde Luft, gesunde Luft, bei gesunder Luft, die Folge gesunder Luft

das schlechte Wetter, das schlechte Wetter, mit dem schlechten Wetter, die Folge des schlechten Wetters; schlechtes Wetter, schlechtes Wetter, bei schlechtem Wetter, die Folge schlechten Wetters

**Übung 6** a) intelligent – dumm b) mutig – feige c) ordentlich – unordentlich/chaotisch d) zufrieden – unzufrieden e) fair – unfair f) lustig – traurig g) zuverlässig – unzuverlässig h) aktiv – passiv i) groß – klein j) dünn – dick k) hübsch – hässlich l) jung – alt

Aussehen: i) bis l); Charaktereigenschaften: a) bis h)

**Übung 7** a) Ich wollte ein dunkles Bier. Tut mir Leid, das Bier ist hell. Aber helles Bier schmeckt auch besser. b) Ich wollte trockenen Wein. Tut mir Leid, der Wein ist halbtrocken. Aber halbtrockener Wein schmeckt auch besser. c) Ich wollte reife Bananen. Tut mir Leid, die Bananen sind grün. Aber grüne Bananen sind auch nicht so weich. d) Ich wollte billige Orangen. Tut mir Leid, die Orangen sind teuer. Aber teure Orangen schmecken auch besser. e) Ich wollte kalten Saft. Tut mir Leid, der Saft ist warm. Aber warmer Saft ist auch besser für den Magen. f) Ich möchte (eine) gesunde Ernährung. Tut mir Leid, unsere Ernährung ist ungesund. Aber ungesunde Ernährung ist auch billiger.

**Übung 8** a) Dieses Problem besprechen wir nicht. Das ist ein ganz heißes Eisen. b) Er hat viel versprochen und nichts gehalten. Er hat uns goldene Berge versprochen. c) Sie ist immer optimistisch, sie ist immer guter Dinge. d) Wir müssen ganz vorsichtig mit ihm sein. Wir müssen ihn wie ein rohes Ei behandeln. e) Tu das nicht! Das macht nur böses Blut. f) Das ist nicht seine Idee. Er schmückt sich wieder mit fremden Federn.

**Übung 9** Deklinierte Adjektive: Guten, guten, bekanntes, gute, regionale, neue, leichte, bayerische, sächsische, westfälische, geringer, kalte

Undeklinierte Adjektive: kalt, dünn, kalt, trocken

Satzteile mit Adjektiv: Guten Appetit, einen guten Appetit, Ein bekanntes Sprichwort, die gute Küche, die regionale Küche, die neue Küche, die leichte Küche, die bayerische Küche, die sächsische Küche, die westfälische Küche, bei geringer Hitze, Das kalte Fleisch, ein Weißherbst trocken

**Übung 10** a) ruhig b) täglich c) billig d) richtig e) schriftlich f) glücklich g) pünktlich h) farbig i) menschlich j) schwierig k) schuldig l) vergeblich

**Übung 11** albanisch, der Albanier, die Albanierin; belgisch, der Belgier, die Belgierin, bulgarisch, der Bulgare, die Bulgarin; chinesisch, der Chinese, die Chinesin; dänisch, der Däne, die Dänin; deutsch, der Deutsche, die Deutsche; englisch, der Engländer, die Engländerin; finnisch, der Finne, die Finnin; französisch, der Franzose, die Französin; griechisch, der Grieche, die Griechin; irisch, der Ire, die Irin; isländisch, der Isländer, die Isländerin; italienisch, der Italiener, die Italienerin; japanisch, der Japaner, die Japanerin; koreanisch, der Koreaner, die Koreanerin, kroatisch, der Kroate, die Kroatin; luxemburgisch, der Luxemburger, die Luxemburgerin, niederländisch, der Niederländer, die Niederländerin; norwegisch, der Norweger, die Norwegerin; österreichisch, der Österreicher, die Österreicherin; polnisch, der Pole, die Polin; portugiesisch, der Portugiese, die Portugiesin; rumänisch, der Rumäne, die Rumänin; russisch, der Russe, die Russin; schwedisch, der Schwede, die Schwedin; schweizerisch/Schweizer, der Schweizer, die Schweizerin; serbisch, der Serbe, die Serbin; slowenisch, der Slowene, die Slowenin; spanisch, der Spanier, die Spanierin; tschechisch, der Tscheche, die Tschechin; türkisch, der Türke, die Türkin; ukrainisch, der Ukrainer, die Ukrainerin; ungarisch, der Ungar, die Ungarin; afrikanisch, der Afrikaner, die Afrikanerin, amerikanisch, der Amerikaner, die Amerikanerin; asiatisch, der Asiate, die Asiatin; australisch, der Australier, die Australierin; europäisch, der Europäer, die Europäerin

**Übung 12** b) Das sind neuseeländische Äpfel. c) Das sind holländische Tomaten. d) Das sind israelische Erdbeeren. e) Das sind japanische Pilze. f) Das sind polnische Kartoffeln. g) Das sind südafrikanische Weintrauben. h) Das sind französische Bananen. i) Das sind italienische Pfirsiche. j) Das sind spanische Apfelsinen. k) Das sind türkische Aprikosen.

Adjektive von Ländernamen und Erdteilen haben das Suffix *-isch*.

**Übung 13** a) Gestern war er sehr unfreundlich. b) Ich bin sehr unglücklich. c) Da ist er leider unvorsichtig. d) Im Gegenteil, ich bin unzufrieden. e) Für Menschen ist das noch nicht möglich / unmöglich. Für eine Marssonde ist das schon möglich. f) So? Mir ist alles unklar. g) Man sagt: Das sind künstliche Blumen. Aber: Er benimmt sich unnatürlich.

**Übung 14** b) süß c) gesund/krank d) arbeitslos e) tätig f) zufrieden g) wahr h) richtig i) krank j) verwandt k) fremd l) bekannt m) berufstätig n) arbeitslos o) verletzt p) verliebt

Gegenteil: c) ungesund e) untätig f) unzufrieden g) unwahr h) unrichtig l) unbekannt o) unverletzt

**Übung 15** a) Wien ist eine sehr alte Stadt. b) Um Christi Geburt war das heutige Österreich Teil des römischen Reiches. c) Die Römer brachten die ersten Weinreben an die Donau. d) Die Wiener Küche ist eine der berühmtesten Küchen der Welt. e) Man bestellt einen Kleinen oder einen Großen, einen Schwarzen oder einen Braunen. Welcher Kaffee schmeckt am besten? f) Grüne Bohnen heißen Fisolen und Schlagobers ist süße Sahne.

**Übung 16** a) Es könnte etwas wärmer sein. b) Er könnte etwas trockener sein. c) Er könnte etwas süßer sein. d) Es könnte etwas weicher sein. e) Er könnte etwas frischer sein. f) Es könnte etwas größer sein. g) Er könnte etwas reifer sein. h) Es könnte etwas kälter sein. i) Er könnte etwas stärker sein.

**Übung 17** a) Der höchste Berg Deutschlands ist die Zugspitze mit 2962 Metern. b) Der größte See in Deutschland ist der Bodensee. c) Der längste Fluss in Europa ist die Wolga. d) Der kürzeste Tag ist der 21. Dezember. e) Der Sommer ist die wärmste Jahreszeit. f) Der Januar ist der kälteste Monat. g) Der heißeste Monat ist der Juli. h) Die teuersten Wohnungen gibt es in München. i) Die besten deutschen Weine wachsen im Rheintal. j) Die ältesten Universitätsstädte sind Prag, Wien und Heidelberg.

**Übung 19** das Höchstgewicht, die Höchstgeschwindigkeit, der Höchstpreis, höchst einfach, höchst gefährlich, die Höchstleistung

**Übung 20** Die Vorsilbe hat die Bedeutung eines Superlativs.

**Übung 21** a) Das Obst ist sehr teuer. Es ist wieder teurer geworden. b) Das Obst ist mir zu teuer. Das kaufe ich heute nicht. c) Der Pullover ist dir zu groß. Du brauchst einen kleineren. d) Die neue Kamera ist sehr schön. Meine Bilder sind super geworden. e) Der Computer ist sehr / zu alt. Ich brauche einen neuen. f) Mit dem Lexikon kann ich nicht arbeiten. Das ist zu alt.

**Übung 22** Wussten Sie schon, dass Frau Müller einen Hund im Büro hat? b) Wussten Sie schon, dass Herr Koch keine Spagetti isst? c) Wussten Sie schon, dass Franz Xaver gelogen hat? d) Wussten Sie schon, dass es keine weißen Mäuse mehr gibt? e) Wussten Sie schon, dass alle Charterflugzeuge blau sind? f) Wussten Sie schon, dass Menschen zum Mars fliegen können?

**Übung 23** a) Die Ware ist teurer, als ich dachte. b) Der Kaffee ist stärker, als ich dachte. c) Das Gewürz ist schärfer, als ich dachte. d) die Kirschen sind saurer, als ich dachte. e) Der Wein ist älter, als ich dachte. f) Die Jacke ist wärmer, als ich dachte.

**Übung 24** a) der längste Fluss – Ich glaube, dass der Rhein der längste Fluss ist. b) die größte Stadt mit den meisten Einwohnern – Ich glaube, dass die größte Stadt mit den meisten Einwohnern Berlin ist. c) die älteste Messestadt – Ich glaube, dass die älteste Messestadt Leipzig ist. d) das berühmteste Volksfest – Ich glaube, dass das berühmteste Volksfest das Oktoberfest ist. e) das bekannteste Lied – Ich glaube, dass das bekannteste Lied das Lied von der Loreley ist. f) das Bundesland mit den meisten Einwohnern – Ich glaube, dass Nordrhein-Westfalen das Bundesland mit den meisten Einwohnern ist. g) das kleinste Bundesland – Ich glaube, dass das Saarland das kleinste Bundesland ist.

**Übung 25** a) Er freut sich wie ein Schneekönig. b) Er frisst wie ein Scheunendrescher. c) Er raucht wie ein Schlot. d) Er fährt wie eine gesengte Sau. e) Er schläft wie ein Bär. f) Er arbeitet wie ein Pferd. g) Er schimpft wie ein Rohrspatz. h) Er benimmt sich wie ein Elefant im Porzellanladen.
Das sind Ausdrücke für Superlative: *sehr, viel, sehr viel / schnell / tief / laut, unmöglich*

**Übung 26** a) Er ist dreiundsechzig Komma sechs sechs Meter lang. b) Die Flügel sind sechzig Komma drei null Meter breit. c) Die Kabine ist fünf Komma vier null Meter breit. d) Das Flugzeug tankt (ein)hundertvierzigtausend Liter Kerosin. e) Das Flugzeug ist beim Start zweihunderteinundsiebzig Tonnen schwer. f) Das Flugzeug fliegt zwölf Komma fünf Kilometer hoch. g) In zwölf Kilometer Höhe ist es minus fünfzig Grad Celsius kalt. h) Das Flugzeug fliegt ohne Stopp fünfzehntausend Kilometer weit. i) Wie weit sind fünfzehntausend Kilometer? j) Das Flugzeug fliegt achthundert bis neunhundert Kilometer pro Stunde schnell. k) Eins Komma fünf Millionen Menschen fliegen jährlich weltweit.

**Übung 27** zweihundertzwölf, zweiundfünfzig, eintausendfünf, siebenhundertachtundneunzig, achtundneunzig Komma neun null, fünfhundertdrei Komma acht null

**Übung 29** Ja natürlich, es ist zwanzig nach zwölf. … halb acht. … Viertel vor sieben. … Viertel nach acht. … halb elf. … fünf nach zwölf.

**Übung 31** a) der Vierundzwanzigste Dezember b) der Erste Januar c) mein dreißigster Geburtstag d) Philipp der Zweite e) Das Brett ist einen Meter lang. f) Das kostet Milliarden. g) Geschichten aus tausendundeiner Nacht. h) Eine der Orangen war schlecht. i) Auf Landstraßen ist die Höchstgeschwindigkeit achtzig Kilometer pro Stunde. j) Es ist dreiundzwanzig Uhr fünfundfünfzig. Es ist kurz vor Mitternacht.

**Übung 32** a) Die Französische Revolution war im Jahr siebzehnhundertneunundachtzig. b) Die Öffnung der Berliner Mauer war im Jahre neunzehnhundertneunundachtzig. c) Das Ende des Zweiten Weltkriegs war im Mai neunzehnhundertfünfundvierzig. d) Achtzehnhundertfünfundneunzig entdeckte Röntgen die X-Strahlen, die bald Röntgenstrahlen heißen. e) Fünfzehnhundertdreiundvierzig ist das Todesjahr des Kopernikus. Erst in diesem Jahr erschien sein Hauptwerk über das heliozentrische Weltbild. f) Neunzehnhundertdrei unternahmen die Brüder Wright einen ersten Flug von 39 Sekunden mit einem Motorflugzeug.

# VII. Partizip I und Partizip II

**Übung 1** a) die kommende Woche b) die laufenden Kosten c) das fließende Wasser d) der haltende Bus e) der verletzte Passant f) das verliebte Paar g) die bezahlten Rechnungen h) die vor zehn Jahren gebauten Häuser

**Übung 2** a) in der kommenden Woche b) mit laufendem Motor c) mit wachsender Begeisterung d) mit geeigneten Geräten e) auf verbotenen Wegen f) auf einer gut besuchten Messe g) mit enttäuschtem Gesicht h) bei strömendem Regen i) in geheizten Räumen j) mit frisch gewaschenem Hemd

**Übung 3** Der wütende Herr bekam einen roten Kopf. Die Künstlerin ist eine faszinierende Frau. Wir haben einen aufregenden und spannenden Film gesehen. Das war ein anstrengender Tag. Sie nimmt ein erfrischendes Bad. Eine ausreichende Note ist oft nicht ausreichend. Dies ist ein ausgezeichneter Wein. Sie hat eine geeignete Arbeit gefunden. Die befreundeten Kollegen machen gemeinsam Urlaub. Die viel beschäftigten Eltern haben keine Zeit. Der beliebte Fernsehstar gibt ein Interview. Er macht einen entschlossenen Eindruck. Dieser Film ist nicht für Kinder, das ist ein für Kinder verbotener Film. In dem voll besetzten Flugzeug gab es ein erfrischendes Getränk.

**Übung 4** a) Wir nehmen das empfohlene Essen. b) Was machst du mit der gewonnenen Million? c) Ein zerrissenes Seil kann man nicht reparieren. d) Sie schläft bei geschlossenem Fenster. e) Er fährt mit dem gestohlenen Fahrrad davon. f) Sie bekommt das verlorene Portmonee zurück. g) Der Patient kauft die verschriebenen Tabletten. h) Die importierte Ware ist versichert.

**Übung 5** a) Achtung, spielende Kinder. b) Springen Sie nicht auf einen fahrenden Bus! c) Die Menschen hatten das brennende Haus verlassen. d) Wir beobachten das startende Flugzeug. e) Es gibt Bodenpersonal und fliegendes Personal. f) Wir haben strahlendes Wetter.

**Übung 6** a) Es gab zum Glück nur Leichtverletzte. b) Der Film ist für Jugendliche empfohlen. c) Die Hälfte der Abgeordneten war anwesend. d) Habt ihr etwas Schönes erlebt? – Nein, nichts Besonderes. e) Wir müssen den Auszubildenden helfen.

**Übung 7** a) die verletzten Fahrgäste b) das behinderte Mädchen c) die angeklagten Männer d) der gefangene Räuber

**Übung 8** a) Familienstand: Eva ist ledig. Frau Franz war verheiratet, jetzt ist sie geschieden. b) Ein altes Spiel geht so: Sie zupfen die Blätter einer Blume. 1. Blatt: verliebt, 2. Blatt verlobt, 3. Blatt verheiratet und wieder von vorn verliebt, verlobt, verheiratet. Das letzte Blatt sagt Ihnen die Zukunft.

**Übung 9** a) Gut, ich bin erholt. ... ausgeschlafen. b) Schlecht, ich bin wütend. ... völlig geschafft. ... verzweifelt. ... gestresst. ... beleidigt.

**Übung 10** a) Sie waren Freunde, jetzt sind sie geschiedene Leute. b) Es hat lange gedauert, aber dann war das Eis gebrochen. c) Er hat wieder einmal kein Geld, er ist völlig abgebrannt. d) Ich habe wenig geschlafen, jetzt bin ich total kaputt. Ich bin völlig gerädert. e) Was ist mit ihm los? Er spricht kaum und ist unfreundlich. Er ist so kurz angebunden.

# VIII. Die Pronomen

**Übung 1** a) Wer hat angerufen? b) Was hat er bestellt? c) Was hat er? d) Wessen Sekretärin kommt? Wer kommt? e) Mit wem hat sie gesprochen? f) Was hat sie gemacht?

**Übung 2** a) Wen hast du heute getroffen? b) Mit wem hast du dich unterhalten? c) Von wem habt ihr gesprochen? d) Von was habt ihr gesprochen? e) Wem hast du von Herrn Hunzinger erzählt? / Von wem hast du Erika erzählt? f) Was hast du ihr erzählt?

**Übung 3** a) Was für eine Uhr? Eine Swatch? b) Welches Stockwerk? Das Stockwerk mit Dachgarten? c) Welche Tür? Die Tür zum Garten? d) Was für eine Vase? Eine Vase aus Frankreich? e) Was für ein Museum? Das Museum in Köln? f) Was für eine Schule? Eine Schule für Lernbehinderte?

**Übung 4** a) Auf wen wartest du? b) Womit fahrt ihr? c) Warum fahrt ihr nicht mit dem Auto? d) Wie lange werdet ihr unterwegs sein? e) Wisst ihr, wann ihr ankommt? f) Mit welchem Zug fahrt ihr? g) Mit was für einem Zug fahrt ihr?

**Übung 5** a) Theodor Fontane ist Dichter. b) Der alte Goethe lebte in Weimar. c) Bremen ist die Hauptstadt des Bundeslandes Bremen und Hafenstadt. d) „Das Tüpfelchen auf dem i" bedeutet „das letzte, aber auch wichtige Detail". e) Das Gebirge im Süden Deutschlands heißt Alpen. f) In Deutschland gibt es zwei Meere, die Nordsee und die Ostsee.

**Übung 6** b) Manuela weiß, was wir für die Reise brauchen. c) … wann wir losfahren. d) … wer die Tickets hat. e) … wen wir benachrichtigen. f) … wem der Schlüssel gehört. g) … wessen Schlüssel das ist. h) … worauf / auf was wir warten. i) … auf wen wir warten. j) … mit was / wie / womit wir fahren. k) … mit wem wir fahren. l) Manuela weiß nicht, ob wir sofort fahren. m) Manuela fragt ihn, ob er uns abholt.

**Übung 7** a) Weißt du, wer Theodor Fontane ist? b) Weißt du, wo der alte Goethe lebte? c) Weißt du, was für eine Stadt Bremen ist? d) Weißt du, was das „Tüpfelchen auf dem i" bedeutet? e) Weißt du, wie das Gebirge im Süden Deutschlands heißt? f) Weißt du, wie viele Meere es in Deutschland gibt?

**Übung 8** Im Nebensatz wandert das konjugierte Verb ans Satzende. Das konjugierte Verb kann sein: a) ein Vollverb b) ein Modalverb c) ein Hilfsverb.

**Übung 9** a) Ja, das ist meine. b) Ja, das ist meiner. c) Ja, das ist meines / meins. d) Ja, das sind meine. e) Ja, das ist meine. f) Ja, das ist meiner. g) Ja, das ist meiner. h) Ja, das sind meine. i) Ja, das ist ihre. j) Ja, das sind seine. k) Ja, das ist unseres. l) Ja, das ist unsere.

**Übung 10** a) Erich, ist das deine? b) Monika, ist das deines/deins? c) Frau Ullrich, ist das ihre? d) Peter, ist das deine? e) Peter und Monika, sind das eure? f) Fritz, ist das deines? / deins? g) Herr Paulsen, ist das ihrer? h) Claudia, ist das deiner? i) Wolf und Isa, sind das eure? j) Kurt, sind das deine?

**Übung 11** a) das alte Haus – unser altes Haus – Das ist unseres. b) der alte Kassettenrekorder – mein alter Kassettenrekorder – Das ist meiner. c) der neue Koffer – dein neuer Koffer – Das ist deiner. d) das schwere Gepäck – euer schweres Gepäck – Das ist eures. e) die schöne Kamera – seine schöne Kamera – Das ist seine. f) der teure Kugelschreiber – ihr teurer Kugelschreiber – Das ist ihrer. g) der weiße Bademantel – mein weißer Bademantel – Das ist meiner. h) das gelbe T-Shirt – sein gelbes T-Shirt – Das ist seines. / seins. i) die engen Jeans – ihre engen Jeans – Das sind ihre. j) die bequemen Turnschuhe – unsere bequemen Turnschuhe – Das sind unsere.

**Übung 12** a) Ich brauche ein neues Fahrrad. Meines/Meins hat keine Gangschaltung. b) Ihr braucht eine neue Kamera. Eure ist schon zu alt. c) Er braucht einen dicken Pullover. Seiner ist zu dünn. d) Du brauchst einen neuen Badeanzug. Deiner ist nicht mehr schön. e) Meine Eltern brauchen einen neuen Koffer. Ihrer hat keine Räder. f) Sie braucht einen neuen Reisewecker. Ihren hat sie verloren.

**Übung 13** du, deinen Ausweis, Den, ich, Man; euer Autoschlüssel, unserer, Den, ich; dir, die Sonnenbrille, Die, Meine; das Portmonee, Das, es; T-Shirts, das, deine, das, meine, deine Sachen

**Übung 14** a) Der kopiert viel zu langsam. b) Der ist viel zu klein. c) Die ist nicht hell genug. d) Der ist nicht leistungsfähig genug. e) Das ist viel zu alt. f) Die ist viel zu unmodern.

**Übung 15** a) Der ist viel zu teuer. b) Auf dem kann ich nicht sitzen. c) Ja, den brauchen wir dringend. d) Die sind nicht schöner als die alten. e) Ja, die können wir gebrauchen. f) Ja, von denen brauchen wir zwanzig Stück. g) Die kenne ich. Mit der war ich nicht zufrieden. h) Das ist schön. Von dem nehmen wir drei Stück.

**Übung 16** a) Der ist aber schön! b) Das ist aber modern! c) Die ist ja supermodern! d) Ach was, das ist viel zu bunt. e) Ach was, der ist viel zu unpraktisch. f) Ach was, die sehen doch unnatürlich aus. g) Das ist nicht sicher. Das werden wir sehen. h) Ich glaube, unsere Kinder haben dieselben. – Nein, sie haben nicht dieselben, sie haben die gleichen. i) Jetzt hast du zwei Mal dasselbe erzählt. j) Hans ist derjenige, der im Haus alles repariert.

**Übung 17** **Den** ... – **Das** ist unserer. **Den** ... – **Die** sieht teuer aus. **Meine** ist ... – **Das** ist meins. Sind **das** deine? Ja **das** sind meine.
Redewendungen: **Das** ist ein heißes Eisen. (ein heikles Thema, das man vorsichtig behandeln muss) **Das** schlägt dem Fass den Boden aus. (etwas Unerhörtes, Unverschämtes)

**Übung 18** b) ein Motor, der läuft c) die Sonne, die aufgeht d) ein Flugzeug, das startet e) ein Geschäft, das gut geht f) die Arbeiter, die streiken g) Preise, die steigen

**Übung 19** b) ein Fest, das gelungen ist c) eine Ausstellung, die gut besucht ist d) Wäsche, die frisch gewaschen ist e) Liebe, die verboten ist

**Übung 20** a) Eine Büroangestellte ist eine Frau, die in einem Büro angestellt ist. b) Ein Reisewecker ist ein Wecker, den man auf eine Reise mitnehmen kann. c) Ein Fahrradhändler ist jemand, der mit Fahrrädern handelt. d) Ein Hotelschlüssel ist ein Schlüssel, den man für sein Hotelzimmer bekommt. e) Reiseerlebnisse sind Erlebnisse, die man auf einer Reise hat. f) Ein Holzhäuschen ist ein kleines Haus, das aus Holz gebaut ist. g) Ein Anmeldeformular ist ein Formular, mit dem man sich anmelden kann.

**Übung 21** a) Wie gefällt dir die Kamera? Du suchst doch eine. Ich brauche keine. b) Wie gefällt euch der Küchenschrank? Ihr sucht doch einen. Wir brauchen keinen. c) Wie gefallen euch die Stühle? Ihr sucht doch welche. Wir brauchen keine. d) Wie gefällt dir der Geschirrspüler? Du suchst doch einen. Ich brauche keinen. e) Wie gefällt dir die Mikrowelle? Du suchst doch eine. Ich brauche keine. f) Wie gefällt euch der Tisch? Ihr sucht doch einen. Wir brauchen keinen. g) Wie gefällt dir das Geschirr. Du suchst doch welches? Ich brauche kein(e)s. h) Wie gefällt euch der Fernseher? Ihr sucht doch einen. Wir brauchen keinen. i) Wie gefällt Ihnen die Kaffeemaschine? Sie brauchen doch eine. Ich brauche keine.

**Übung 22** a) Das ist jemand, der auch abends und am Wochenende arbeitet. b) Das ist jemand, der keine Pause nach der Büroarbeit macht. c) Das ist jemand, dessen Gedanken immer um die Arbeit kreisen. d) Das ist jemand, der seine Freundin vergisst. e) Das ist jemand, der keine Feste mag. f) Das ist jemand, für den Freizeit ein Fremdwort ist. g) Das ist jemand, der in der Freizeit Schuldgefühle hat. h) Das ist jemand, der den Stress braucht.

i) Das ist jemand, der nichts liegen lassen kann. j) Das ist jemand, der für alles länger als andere braucht.

**Übung 23** a) Derjenige, der als Letzter geht, muss das Licht ausmachen. b) Keiner verlässt den Raum! Wo ist …? c) Was ist hier eigentlich los? d) Etwas stimmt hier nicht. e) Alles in Ordnung! Keine Panik! f) Nichts passiert.

**Übung 24** a) Der Nominativ lautet: einer. b) Dieses unbestimmte Pronomen bezeichnet etwas Allgemeines. c) Das macht mir nichts. Das freut mich. Das kann mir egal sein.

**Übung 25** 1. Herr Schuster hat schon drei Mal in Augsburg angerufen. Er möchte Herrn Oertl sprechen. 2. Keiner ist ans Telefon gegangen. 3. Er hat auch seine Privatnummer. 4. Die ruft er dann an. 5. Auch dort geht niemand ans Telefon. 6. Es ist immer dasselbe. 7. Wieder nichts. 8. Herr Schuster ist verzweifelt. Was für ein Tag. 9. Da kommt ihm eine Idee. In Bayern ist bestimmt wieder ein Feiertag. 10. Alle sind auf dem Weg in die Berge und an die Seen.

**Übung 26** Mein, ich, Sie, etwas, worum, es, Ich, jemand, der, Das, ich, Unsere, Ihr, welcher, Sie, was für, Sie, Ich, ich, Sie, Sie, meinen, Das, Sie, mich

Ich, Es, niemand, Ich, mich, wen, Sie, er, seine, Sie, die, Das, Was, alle

# IX. Präpositionen

**Übung 1** a) In der Nähe von Dipfelfingen. b) Dipfelfingen liegt bei Holzkirchen. c) Das ist zehn Kilometer südlich von München. d) Von Holzkirchen nach Dipfelfingen geht eine Landstraße. e) Bis Entenhausen sind es noch drei Kilometer. f) Das ist ein schöner Ausflug mit dem Fahrrad.

**Übung 2** a) Vom Sportplatz. b) Vom Baden. c) Aus der Schule. d) Aus dem Kino. e) Von Frau Müller. f) Von der Arbeit. g) Aus der Fabrik. h) Aus dem Wasser.

a) Zum Sportplatz. b) Zum Baden. c) In die Schule. d) Ins Kino. e) Zu Frau Müller. f) Zur Arbeit. g) In die Fabrik. h) Ins Wasser.

**Übung 3** a) Mit einem bequemen Reisebus. b) Mit dem eigenen Auto. c) Mit der Deutschen Bahn. d) Mit dem schnellsten Verkehrsmittel, mit dem Flugzeug. e) Mit dem Fahrrad. f) Mit dem Schiff.

**Übung 4** a) Nehmen Sie zuerst den Zug ab Hauptbahnhof. b) Fahren Sie in Richtung Holzkirchen. c) Steigen Sie in Holzkirchen um. d) Fahren Sie mit dem Bus. e) Dann kommen Sie durch Dipfelfingen. f) Gehen Sie am besten die letzten zwei Kilometer zu Fuß.

**Übung 5** a) Wir fahren mit den Kindern / … ohne die Kinder. b) Wir verreisen mit großem Gepäck. / … ohne großes Gepäck. c) Ich fahre mit der Familie. / … ohne die Familie. d) Ich komme mit meinem Hund. / … ohne meinen Hund. e) Ich komme mit meiner Freundin. / … ohne meine Freundin. f) Ihr fahrt doch mit eurem Campingbus? / … ohne euren Campingbus?

**Übung 6** a) bis in die Innenstadt b) bis zum Bahnhof c) bis zur Haltestelle d) bis an die Nordsee / bis zur Nordsee e) bis in die Alpen f) bis nach Australien g) durch Amerika h) einmal um die Welt i) zum Mond j) zu den Sternen

**Übung 7** a) aus dem Haus b) zum Metzger c) mit dem Schiff d) zu den Großeltern e) aus der Schweiz f) nach Kärnten in Österreich g) zum Gärtnerplatz h) in die Salzburger Straße i) aus dem Bad j) in die Volkshochschule, zur Volkshochschule

**Übung 8** Das Gebäude ist ein Bahnhof.

**Übung 9** a) in der Garage b) auf der Terrasse c) im Keller d) auf dem Dach e) im Garten f) auf der Treppe g) im Hof h) im Bad i) in der Dusche j) in der Küche k) im Wohnzimmer l) auf der Toilette m) in der Badewanne

**Übung 10** a) im Sessel b) auf der Couch c) auf dem Stuhl d) am Ofen e) an der Heizung f) auf der Bank

**Übung 11** a) auf der / in der / bei der Sparkasse/Bank. b) auf der / in der / bei der Post. c) bei den Eltern. d) auf der Autobahn. e) im Restaurant. f) im Zug. g) bei meinem Freund. h) bei Claudia.
Merke: Bei Personen sagt man *bei.*

**Übung 12** a) Nach Hause. b) In den Süden. c) Nach Polen. d) In die Tschechische Republik. e) Nach Asien. f) In die Vereinigten Staaten / In die USA.

**Übung 13** a) Aus dem / Vom Supermarkt. Im Supermarkt. Zum / In den Supermarkt. b) Aus der / Von der Bank. Auf der / In der Bank. In die / Zur Bank. c) Vom Arzt. Beim Arzt. Zum Arzt. d) Aus dem Büro. Im Büro. Ins Büro. e) Vom Baden. Beim Baden. Zum Baden. f) Aus dem Schwimmbad. Im Schwimmbad. Ins Schwimmbad. g) Von meiner Schwester. Bei meiner Schwester. Zu meiner Schwester. h) Vom Karlsplatz. Auf dem / Am Karlsplatz. Zum Karlsplatz.

**Übung 14** a) Wir stehen nicht vor 9 Uhr auf. b) Dann frühstücken wir bis 10. c) Danach fahren wir an einen See oder in die Stadt zum Einkaufen oder steigen auf einen Berg oder rennen durch den Wald oder fahren zu Freunden oder bleiben zu Hause.

**Übung 15** a) Gehen Sie zuerst geradeaus bis zur Kirche. b) Dann um die Kirche herum. Hinter der Kirche ist die Verdistraße. c) Die Verdistraße gehen Sie geradeaus bis zum Alpenplatz. d) Vom Alpenplatz bis zu der kleinen Brücke ist es nicht weit. e) Gehen Sie über die Brücke. f) An der großen Schule vorbei. g) Dann sehen Sie den Aussichtsturm auf einem kleinen Berg. h) Gehen Sie durch den Wald den Berg hoch bis zum Aussichtsturm.

**Übung 16** a) Butter und Wurst sind im Kühlschrank. b) Fertiggerichte sind in der Tiefkühltruhe. c) Handtücher habe ich ins Bad gehängt. d) Getränke findest du im Keller. e) Die Bettwäsche liegt auf dem Bett. f) Die Fahrräder stehen hinter dem Haus.

**Übung 17** a) Warum stellst du das Fahrrad nicht in den Keller? Es steht doch schon im Keller. – Ach so, entschuldige! b) Warum räumst du das Geschirr nicht in den Schrank? Es steht doch schon im Schrank. c) Warum setzt du dich nicht bequem auf die Couch? Ich sitze lieber auf dem Stuhl. d) Warum hängst du den Mantel nicht an die Garderobe? Der hängt doch an der Garderobe. e) Warum stellst du die Schuhe nicht vor die Tür? Die stehen doch vor der Tür. Hast du die nicht gesehen? f) Warum legst du dich nicht in den Liegestuhl? Ich habe doch zwei Stunden im Liegestuhl gelegen.

**Übung 18** a) im Jahr 2000 b) in einer Stunde c) um Mitternacht d) an einem Sonntag e) am Wochenende f) in der nächsten Woche g) im Frühling h) am frühen Morgen i) zu Ostern j) in 14 Tagen k) zur Zeit Napoleons

**Übung 19** a) Die liegt auf dem Tisch. b) Das ist in deiner Aktentasche. c) Die liegt auf der Couch. d) Der liegt in der zweiten Schublade. e) Der ist im Keller. f) Das Werkzeug gehört ins Regal. g) Die Zeitungen gehören in den Papierkorb. h) Die schmutzige Tischdecke gehört in die Wäsche. i) Das kaputte Glas gehört in den Mülleimer. j) Der Abfall gehört in die verschiedenen Abfalltonnen.

**Übung 20** a) Er lacht aus vollem Hals. b) Er kriecht auf allen Vieren. c) Er spricht mit vollem Mund. d) Er träumt mit offenen Augen. e) Er fällt aus der Rolle. f) Er kommt gleich an die Reihe.

**Übung 21** a) etwas nicht übers Herz bringen. Wir haben es nicht übers Herz gebracht. b) jemanden ins Herz schließen. c) etwas auf dem Herzen haben d) sich etwas zu Herzen nehmen e) das Herz auf dem rechten Fleck haben f) jemandem etwas ans Herz legen

**Übung 22** Herkunft: aus, von
Ort: entlang, um, ab, bei, gegenüber, außerhalb, innerhalb, an, auf, hinter, in, neben, unter, vor, zwischen
Richtung: bis, durch, gegen, nach, zu an, auf, hinter, in, neben, unter, vor, zwischen

**Übung 23** Zeitpunkt: gegen, um, nach, von, zu, während, an, auf, in, vor, zwischen
Zeitdauer: bis, für, ab, seit, über

**Übung 24 a)** Wechselpräpositionen sind: über, in, vor, an, zwischen

**Übung 24 b)** 1) für die Leser 2) Auf dem schnellsten Weg 3) an die Ostsee 4) mit Augsburg Airways 5) im … Flugzeug 6) für Sie 7) mit max. 37 Passagieren

**Übung 24 c)** durch das Land der Magyaren, Für die Leser, Dank seiner Geschichte, in Ungarn, neben barocken Kirchen und Schlössern, aus türkischer Zeit, neben Ziehbrunnen und Csardas, zu der Weite der Puszta, mit ihren verstreuten Gasthöfen, am Plattensee, in eine mediterrane Landschaft, auf dieser Reise, im Salonbus, in guten Hotels, in Budapest

**Übung 24 d)** Aus dem Reiseführer, Von Garmisch-Partenkirchen, auf die Zugspitze, vom Bahnhof Garmisch, mit der Bahn, durch das Dorf Grainau, am Eibsee entlang, zum Schneefernerhaus, in 2650 m Höhe, Von dort, auf den 2963 m hohen Gipfel, mit dem Auto, zum Eibsee, in die Seilbahn, Bei gutem Wetter, von Deutschlands höchstem Berg, Von Einsamkeit in der Natur, für Hunderte von Touristen, Bis zum Gipfelkreuz

# X. Adverbien

**Übung 1** c) Du siehst auch ausgeschlafen aus. d) Du siehst auch nicht müde aus. e) Du siehst auch topfit aus. f) Du hast auch gestresst ausgesehen. g) Du hast auch nervös ausgesehen. h) Du hast auch schlecht gelaunt ausgesehen.

**Übung 2** a) Heute ist er rückwärts in eine Parklücke gefahren. b) Vorwärts ist es einfacher. Das kann er schon. c) Er ist zuerst den Berg raufgefahren, dann wieder runter. Am Berg hat er gestoppt. d) Er ist zuerst rechts eingebogen, dann links. e) Mitten auf der Kreuzung hat er den Motor abgewürgt. f) Von rechts ist nämlich ein Auto gekommen. g) Er hat nach vorn geschaut und das Auto nicht gesehen. h) Plötzlich kamen von überall her viele Autos und es gab ein großes Chaos. i) Trotzdem ist er bald mit dem Führerschein nach Hause gekommen.

**Übung 3** a) Hast du jemals gedacht, dass wir noch einmal hierher kommen? b) Wir haben neulich mit dem alten Herrn gesprochen. Er hat erzählt, dass er früher zur See gefahren ist. c) Ich habe jetzt keine Zeit. Kannst du später noch einmal vorbeikommen? Kein Problem. Ich komme dann gegen drei. d) Du bist nie zu Hause und zum Essen kommst du immer zu spät. Ich bin abends oft weg, das stimmt. Am Nachmittag bin ich aber fast immer da und mache Schulaufgaben. e) Wir essen gleich und nachher gibt's einen Pudding. Ich muss aber jetzt weg! / Wir essen jetzt und nachher gibt's einen Pudding. Ich muss aber gleich weg. f) Ich wasche jetzt ab. Du kannst inzwischen mit Christine spielen.

**Übung 4** a) Ich komme sofort. b) Wir waren kürzlich / vor kurzem bei Neumanns. c) Heike hat gerade / eben angerufen. d) Habt ihr später noch etwas Zeit? e) Was machen wir danach? / hinterher? f) Fritz ruft kaum an.

**Übung 5** a) Bitte kommen Sie doch rein. b) Karla ist gerade unten im Keller. c) Der Verkehr von rechts hat Vorfahrt. d) Tut mir Leid, ich muss jetzt nach Hause. e) Wir sind eingeladen. Gehst du hin? f) Ralph hat bereits / vorhin / vor kurzem seinen Führerschein gemacht. g) Zuerst kam er oft / immer, dann immer seltener. h) Du musst die Tropfen morgens nehmen. i) Es ist schon ziemlich spät. j) Zuerst wollte er nicht, dann hat er überlegt, danach hat er noch gezögert, zuletzt war er fast dafür und schließlich hat er ja gesagt.

**Übung 6** a) Er hat wahrscheinlich den Bus verpasst. / Wahrscheinlich hat er den Bus verpasst. b) Sie hat vor kurzem die Prüfung gemacht. / Vor kurzem hat sie die Prüfung gemacht. c) Danke, ich habe gerade gegessen. d) Siehst du, er hat doch Recht. e) Es hat gestern hier auf dem Tisch gelegen. / Gestern hat es hier auf dem Tisch gelegen. f) Zuerst war sie ruhig. Dann taute sie auf.

**Übung 7 b)** Manchmal – sind – es – sogar – sechs Ampeln – auf 500 Meter. Verkehrsexperten – halten – sie – aber – trotz Staugefahr – wegen der hohen Verkehrsdichte – für notwendig. Ein Versuch der Versicherungen – ergab – dass – bei abgeschalteten Ampeln – die Unfallzahlen – auf das Drei- bis Achtfache – steigen. In der Bundesrepublik – sind – etwa 50 000 Kreuzungen – mit Ampeln – geregelt. Der Kauf einer Anlage – kostet – rund 100 000 Mark. Wartung und Strom – kosten – jährlich – bis zu 30 000 Mark.

**Übung 8** a) Sie macht deshalb eine Fortbildung. b) Er macht trotzdem das Abitur. c) Er hilft gleichzeitig im Betrieb seines Vaters. d) Er macht danach den Zivildienst. e) Sie ist nämlich schon viele Jahre in der Firma. f) Sie hat dadurch viel Erfahrung.

**Übung 9** a) Deshalb macht Sie eine Fortbildung. b) Trotzdem macht er das Abitur. c) Gleichzeitig hilft er im Betrieb seines Vaters. d) Danach macht er den Zivildienst. f) Dadurch hat sie viel Erfahrung.
Satz e) kann man nicht umformen.

**Übung 10** a) Warum? Wie spät ist es denn? b) Ach, ist er denn schon achtzehn? c) Kommt er denn aus Bayern? d) Das stimmt nicht. Was willst du denn? e) Ja was gibt es denn? f) Was ist denn passiert?

**Übung 11** a) Das ist doch der Schumacher. b) Kommen Sie doch mit! c) Nimm doch den Bus! d) Frag doch mal den Mann da! e) Das ist doch nicht wahr. f) Das macht doch nichts.

**Übung 12** a) Du hast ja Nerven! b) Das ist ja phantastisch. c) Du hast ja gar kein Geld. d) Ich komme ja schon. e) Du hast ja Recht.

**Übung 13** Kennen Sie Vorurteile? – Und ob! Sie etwa nicht? – Klar. Geben Sie mal ein Beispiel. – Es heißt, das meiste Bier kommt aus München. – Das ist doch richtig, oder etwa nicht? – Nein, das meiste Bier kommt aus Dortmund, nicht aus München. Die Dortmunder produzieren circa 6 Millionen Hektoliter im Jahr, die Münchner aber nur 5,5 Millionen. Die Hauptstadt des Biers liegt also in Nordrhein-Westfalen. Zweites Vorurteil: Stierkampf ist eine spanische Erfindung. – Aber, das stimmt doch. – Falsch. Stierkampf ist keine spanische Erfindung. Schon die Römer und sogar die Chinesen haben Stierkämpfe veranstaltet. – Aha. Sie sind also ein Spezialist! – Drittes Vorurteil: Blitz und Donner gehören zusammen. – Etwa nicht? – Nein. Die meisten Blitze, circa 40 Prozent, haben keinen Donner. Das haben Statistiker festgestellt. Und die Blitze gehen auch nicht alle vom Himmel zur Erde. – Wie denn sonst? – Viele gehen von der Erde zum Himmel. – Na, da können wir doch froh sein!

**Übung 14** a) Komm mal her! b) Frierst du denn nicht? c) Wirf doch die alten Zeitungen weg! / Wirf die alten Zeitungen doch weg! d) Frag mal den Schaffner, wann wir ankommen. / Frag den Schaffner mal, wann wir ankommen. e) Das ist vielleicht eine Pleite! f) Sei bloß vorsichtig! g) Sag einfach ja! h) Wir haben eben kein Glück.

Partikeln stehen meistens gleich nach dem Verb, manchmal auch nach dem Subjekt.

# XI. Satzverbindungen / Konnektoren

**Übung 1** a) Er ging durch die Straßen und es regnete. b) Es war dunkel und die Laternen brannten noch. c) Er ging am Rathaus vorbei und überquerte den Großen Platz. d) Schritte folgten ihm und er lief schneller. e) Die Schritte kamen näher und er lief zum Fluss hinunter. f) Er sah den Fluss und fühlte eine Hand an der Schulter.

**Übung 2** a) Edith wollte Malerin werden, aber sie hatte keinen Erfolg. b) Knut ist nicht im Büro, sondern beim Segeln. c) Er ist in Italien oder Slowenien. d) Sie hat sich bei der Lufthansa beworben, denn sie möchte Stewardess werden. e) Nina tanzt sehr gut und möchte Tänzerin werden. f) Sie möchte Tänzerin werden, aber zuerst macht sie die Schule fertig.

**Übung 3** a) Ein Brötchen heißt in Süddeutschland Semmel und in Berlin Schrippe. b) Viele meinen: Bairisch klingt gut und Sächsisch klingt nicht so gut. c) Das war einmal anders, denn Sächsisch galt im 17. Jahrhundert als sprachliches Vorbild. d) „Hart arbeiten" oder „schuften" heißt „roboten" oder „wurachen" in Sachsen und „wurzeln" und „haudern" in Hessen und „schinageln" in Schwaben und Bayern. e) Unser Lehrer spricht mehrere Sprachen und verschiedene Dialekte. f) Die Bäuerin spricht Dialekt, aber kein Hochdeutsch.

**Übung 4** a) Ich binde mir eine Krawatte um, wenn ich heirate. ..., wenn ich mich vorstellen muss. ..., wenn ich einen guten Eindruck machen will. b) Ich binde mir keine Krawatte um, wenn ich Urlaub habe. ..., wenn ich keine Lust habe. ..., wenn ich ein wenig schockieren möchte.

**Übung 5** a) Ich fühle mich so richtig wohl, wenn ich Besuch von Freunden habe. b) ..., wenn mein Fußballclub gewonnen hat. c) ..., wenn es nur einen Tag regnet und die Sonne dann wieder scheint. d) ..., wenn 40 Jahre alt kein Thema ist. e) ..., wenn meine Partei die Wahlen gewinnt. f) ..., wenn mich Freunde nach einem guten Essen nach Hause fahren.

**Übung 6** a) Ich fahre nach Ägypten, weil die Pyramiden hoch sind und die Sonne schön heiß ist. b) Ich fahre nach Kiribati, weil niemand weiß, wo das liegt. c) Ich fahre nach Bayern, weil die Berge dort am höchsten sind. d) Ich fahre nach Spitzbergen, weil ich auch mal Eisberge sehen will. e) Ich fliege nach Spanien, weil alle Nachbarn schon dort waren. f) Ich mache eine Schiffsfahrt, weil ich mich einmal richtig ausschlafen möchte.

**Übung 7** a) Berlin, weil die Stadt die größte Baustelle der Welt ist. b) Hamburg, weil die Nächte dort lang sind. c) Köln, weil das Kölsch so gut schmeckt. d) München, weil das Oktoberfest dort stattfindet. e) Trier, weil man überall römischen Ruinen begegnet. f) Dresden, weil ich alles über die Frauenkirche wissen muss. g) Hinteroberbergheim, weil Sie bestimmt nicht wissen, wo das liegt. h) Füssen, weil ich das Schloss Neuschwanstein sehen will. i) Bad Birnbach, weil dort aufregend wenig los ist und ich mich richtig erholen kann. j) Frankfurt, weil es dort Deutschlands höchste Hochhäuser gibt.

**Übung 8** a) Fassen Sie nie ein Elektrogerät an, wenn Sie nasse Hände haben oder wenn Sie auf nassem Boden stehen. b) Prüfen Sie, wo elektrische Leitungen in der Wand sind, bevor Sie die Bohrmaschine bedienen. c) Benutzen Sie kein elektrisches Gerät beim Baden, weil das lebensgefährlich ist.
d) Wenn Sie sich mit einer heißen Flüssigkeit den Mund verbrannt haben, hilft Butter oder süße Sahne. e) Lassen Sie nie Zigaretten liegen, damit Kleinkinder sie nicht verschlucken. f) Achtung mit Plastiktüten, weil Kinderspiele tödlich sein können, wenn Kinder diese Tüte vor Mund und Nase pressen. g) Rasenpflege ist einfach, seitdem es Rasenmäher gibt.
h) Fassen Sie nie in die Messer des Rasenmähers. Es könnte sein, dass sie sich noch drehen, obwohl das Gerät schon ausgeschaltet ist.

**Übung 9** a) 3 Infinitivsatz b) 2 Kausalsatz c) 4 Indirekter Fragesatz d) 5 *dass*-Satz
e) 4 Indirekter Fragesatz f) 1 Relativsatz
Alle Sätze haben einen Nebensatz.

**Übung 10 a)** 1. Wenn man Zwiebeln zwei Minuten in kochendes Wasser legt, kann man sie besser schälen. 2. Wenn man Gewürze in Olivenöl legt, halten sie länger. 3. Da Öle empfindlich gegen Licht sind, sollte man Senf in den Kühlschrank tun. 4. (In diesem Satz ist der Nebensatz schon auf Position I). 5. Wenn Sie einen reifen Apfel mit in die Papiertüte tun, reifen Kiwis schneller. 6. Wenn Sie Paranüsse 10 Minuten bei 200 Grad erhitzen, lassen sie sich leichter knacken.

**Übung 10 b)** Der Nebensatz steht am Anfang in Satz 5, 6, 9 und 10. Nach dem Komma steht immer das Verb.

**Übung 10 c)** Seit Jahren lerne ich Deutsch in der Schule. Aber es wird noch etwas dauern, bis ich es richtig kann. Ich glaube, jeder Mensch ist so wie die Sprache, die er spricht. Französisch zum Beispiel ist eine schöne Sprache, die aber ein bisschen affektiv wirkt. Englisch klingt trocken und pointiert wie die Engländer. Deutsch klingt in meinen Ohren exakt, kantig, praktisch wie ein Automotor. Passt zu einem Land, in dem jede Familie ungefähr zwei Autos in der Garage hat. In unserem Deutschbuch ist sogar ein ganzes Kapitel über das Auto. Damit haben wir das Passiv gelernt und Vokabeln wie ein Automechaniker. Wenn ich in ein paar Wochen mein Abschlussexamen habe, werde ich an der Uni anfangen. Weil wir in Polen neben Englisch auch Deutsch brauchen, möchte ich auch nach Deutschland fahren und mich auf Deutsch unterhalten, damit ich später Deutschlehrerin werden kann.

# XII. Das Verb (2)

**Übung 1** a) Christine möchte Schi fahren lernen. b) Christine und Gerhard beschließen, in Schiurlaub zu fahren. c) Sie hat immer Angst, hinzufallen und sich etwas zu brechen. d) Sie hat vor, einen Kurs zu machen. e) Dort braucht sie keine Angst zu haben. f) Sie lässt sich vom Schilehrer die Übungen zeigen. g) Sie vergisst immer, sich auf den richtigen Schi zu stellen. h) Sie beschließt, schneller zu fahren. i) Das scheint leichter zu gehen. j) Sie fängt an, ehrgeizig zu werden. k) Zum Schluss möchte sie eine Privatstunde nehmen. l) Sie hat das Gefühl, schon sicherer zu sein.

**Übung 2** Ich fliege mit dem Paragleiter. Ich fliege mit dem Drachen. Ich boxe. Ich klettere auf Berge. Ich fliege mit dem Segelflugzeug. Ich spiele Fußball. Ich springe mit dem Fallschirm. Ich spiele Eishockey. Ich fahre Kanu und Kajak. Ich tauche. Ich mache Schitouren. Ich mache Snowboarding. Ich mache Rafting.

Es ist am gefährlichsten, mit dem Paragleiter zu fliegen und mit dem Drachen zu fliegen. Es ist sehr gefährlich, zu boxen. Es ist gefährlich, zu klettern, mit dem Segelflugzeug zu fliegen, Fußball zu spielen und Fallschirm zu springen. Fast genauso gefährlich ist es, Eishockey zu spielen. Es ist weniger gefährlich Kanu und Kajak zu fahren und zu tauchen. Am wenigsten gefährlich ist es, Schitouren, Snowboarding und Rafting zu machen.

**Übung 3 a)** 80 % der Menschen schlucken und sagen nichts, wenn sie Stress und Ärger haben. 67 % reden mit Freunden darüber, während 60 % sich sportlich betätigen. 55 % machen Spaziergänge und 50 % werden wütend. 31 % trinken Alkohol und nur 5 % meditieren.

**Übung 3 b)** Der Schispezialist rät, zuerst die müden Knochen auf Trab zu bringen und Schigymnastik zu machen. Er schlägt vor, die schönsten Schiorte nachzuschlagen und rechtzeitig das Hotel zu buchen. Er empfiehlt, bei Sportgeräten auf Qualität zu achten. Er rät, nicht Schlange zu stehen, sondern neue Pisten auszuprobieren und etwas Neues auszuprobieren, z.B. Snowboarden.

**Übung 4** a) Wir empfehlen Ihnen, das neueste Schimodell zu kaufen. b) Wir raten allen, nicht außerhalb der Piste zu fahren. c) Die Sportlerin glaubt gewinnen zu können. d) nicht möglich e) nicht möglich f) Sie verspricht ihr Bestes zu geben.

**Übung 5** a) Die Freunde treffen sich, um zu diskutieren. b) Sie machten Lesungen, um / ohne / anstatt zu diskutieren und zu kritisieren. c) Anstatt zu arbeiten, feierten sie oft. d) Sie bildeten eine Gruppe, ohne ein Programm zu haben. e) Sie kamen zusammen, um Verantwortung zu zeigen. f) Anstatt die Politik zu kommentieren, verhielten sie sich passiv.

**Übung 6 a)** Infinitivkonstruktionen: um einander ihre Texte vorzulesen; die Rolle der Gruppe zu idealisieren, die Arbeit der Gruppe realistisch darzustellen

**Übung 6 b)** Infinitivkonstruktionen: um Deutsch zu lernen; die Märchen der Brüder Grimm zu lesen; etwas Schwieriges zu lesen; einen Krimi anzuschauen; um sich von den Infinitivkonstruktionen eines langen Schultags zu erholen.

Außerdem gibt es: weil ich sie gut verstehen kann (Kausalsatz); den ich schon auf Italienisch gelesen habe (Relativsatz); Wenn ich müde vom Sprachkurs heimkomme (Temporalsatz)

**Übung 7** a) Die Ware wird geliefert. Die Ware wurde geliefert. Die Ware ist geliefert worden. b) Der Angeklagte wird vernommen. Der Angeklagte wurde vernommen. Der Angeklagte ist vernommen worden. c) Der Fernseher wird repariert. Der Fernseher wurde repariert. Der Fernseher ist repariert worden. d) Die Straße wird gesperrt. Die Straße wurde gesperrt. Die Straße ist gesperrt worden. e) Das Konzert wird verschoben. Das Konzert wurde verschoben. Das Konzert ist verschoben worden. f) Das Auto wird verkauft. Das Auto wurde verkauft. Das Auto ist verkauft worden.

**Übung 8** a) Beim Alter wird am häufigsten gelogen. b) Auch die Haarfarbe wird nicht verraten. c) Die Größe wird höher angegeben. d) Das Gewicht wird geringer angegeben. e) Das Einkommen wird oft erhöht. f) Sehr oft wird beim Beruf übertrieben. g) Bei der Kinderzahl wird untertrieben. h) Die Hobbys werden abenteuerlich dargestellt.

**Übung 9** a) Die Wäsche muss gewaschen werden. b) Die Briefe müssen eingesteckt werden. c) Die Kinder müssen abgeholt werden. d) Die Blumen müssen gegossen werden. e) Die Wohnung muss aufgeräumt werden. f) Die Schuhe müssen geputzt werden.

a) Ich muss heute noch die Wäsche waschen. b) Ich muss die Briefe einstecken. c) Ich muss die Kinder abholen. d) Auch die Blumen muss ich noch gießen. e) Ich muss die Wohnung aufräumen. f) Ich muss die Schuhe putzen.

**Übung 10** a) 1820 wird in Preußen das Turnen verboten. b) 1810 wird in München das Oktoberfest gegründet. c) 1881 wird in Deutschland der erste Fernsprecher eingerichtet. d) 1906 wird in Paris der Hosenrock abgelehnt. e) 1878 wird die Postkarte von Heinrich Stephan eingeführt. f) 1948 wird der Staatsmann Mahatma Gandhi ermordet.

**Übung 11** Es wurde kurz gemeldet. Das Deutsche Museum wird international empfohlen. Eine Radlerin wurde angefahren und schwer verletzt. Die Konferenz wurde erfolgreich beendet.

Keine Passivformen sind: 60-Meter-Sturz überlebt; Flugzeug notgelandet; 300 Menschen erkrankt.

Regel: Überschriften sind oft Passivformen oder Perfektformen.

**Übung 12 a)** Passivsätze: Mehr als drei Millionen Exemplare wurden bis 1991 gebaut. – Um die Wendezeit wurde der Trabi noch begeistert gefeiert. – Die Produktion wurde eingestellt … – Fahrzeuge und Materialien wurden in Automobilmuseen ausgestellt. Einzelne Exemplare wurden poppig angemalt … – … die über den Trabant und seine Geschichte gedreht wurden.

Aktiv: Man baute bis 1991 mehr als 3 Millionen Exemplare. – Um die Wendezeit feierte man den Trabi noch begeistert. – Man stellte die Produktion ein … – Fahrzeuge und Materialien stellte man in Automobilmuseen aus – Einzelne Exemplare malte man poppig an, … – die man über den Trabant und seine Geschichte drehte.

**Übung 12 b)** Passivsätze: Ausgesprochen wird das Zeichen „ät", … – … wurden Kurzzeichen für häufig vorkommende Wörter erfunden. – So wurde das lateinische Wort „ad" durch ein Kurzzeichen ersetzt, … – … und wurde **von Buchhaltern** benutzt. – Am PC wird das Zeichen aufgerufen mit den Tasten „Alt-GR" und „Q" oder „Alt+Shift" und „1".

Aktiv: Man spricht das Zeichen „ät" aus, … – … erfand man Kurzzeichen für häufig vorkommende Wörter. – So ersetzte man das lateinische Wort „ad" durch ein Kurzzeichen, … – … und Buchhalter benutzten es. – Am PC ruft man das Zeichen mit den Tasten „Alt-GR" und „Q" oder „Alt+Shift" und „1" auf.

**Übung 12 c)** Passivsätze: … die in die Liste der „Welterbestätten" aufgenommen wurden. – Die Vorschläge werden von den einzelnen Staaten gemacht, … – … die von 147 Staaten unterschrieben wurde. – Über 500 Objekte in über 100 Ländern wurden in die Welterbeliste aufgenommen, … – Der jeweilige Staat wird verpflichtet …

Aktiv: ... die man in die Liste der „Welterbestätten" aufgenommen hat. – Die einzelnen Staaten machen die Vorschläge, ... – ... die 147 Staaten unterschrieben haben. – Man hat über 500 Objekte in über 100 Ländern in die Welterbeliste aufgenommen, ... – Man verpflichtet den jeweiligen Staat, ...

**Übung 13** a) Würdest du mir dein Auto borgen? b) Ich hätte gern ein Stück Kirschkuchen. c) Könntest du mir einen Löffel geben? d) Ich hätte gern Salz. e) Würdest du mal bitte still sein? f) Könntest du mich nach Hause bringen?

**Übung 14** a) Wenn ich doch schon Urlaub hätte. b) Wenn ich doch einen Hund hätte. c) Wenn der Bus doch kommen würde. / käme. d) Wenn ich doch nicht sparen müsste. e) Wenn Irene doch noch bleiben würde. / bliebe. f) Wenn Paul doch bald gesund wäre.

**Übung 15** a) Wenn ich musikalisch wäre, würde ich ein Klavier kaufen. b) Wenn ich malen könnte, würde ich dir ein Bild schenken. c) Wenn ich viel Geld hätte, würde ich ein Künstlerdorf bauen. d) Wenn ich das Wetter ändern könnte, würde ich am Wochenende die Sonne scheinen lassen. e) Wenn ich du wäre, würde ich Thomas heiraten. f) Wenn ich ein Flugzeug hätte, würde ich ans Ende der Welt fliegen.

**Übung 16** a) Du könntest mir öfters helfen. b) Du solltest weniger Fleisch essen. c) Christoph könnte mal wieder vorbeikommen. d) Die Geschäfte müssten länger aufhaben. e) Der Ober könnte höflicher sein. f) Das Essen müsste schon lange fertig sein.

**Übung 17** a) An deiner Stelle würde ich an die frische Luft gehen. b) Du solltest dich mit Freunden treffen. c) Ich würde ins Kino gehen. d) Wenn ich du wäre, würde ich 3 Tage wegfahren. e) Es wäre besser, wenn du etwas lesen würdest. f) Du könntest doch eine CD hören.

**Übung 18** a) Hättet ihr Lust auf die Zugspitze zu fahren? b) Wie wär's mit einer Radtour? c) Ich schlage vor, dass wir zur Oma fahren. d) Wir könnten gemütlich zu Hause bleiben. e) Was haltet ihr davon, wenn wir eine Wanderung machen? f) Wer hat etwas dagegen, wenn wir nach Trier fahren?

**Übung 19** a) irrealer Vergleichssatz b) Wunsch c) Vorschlag/Rat d) Fast wäre etwas passiert. e) Vorschlag/Rat f) Höfliche Frage (Indikativ)

**Übung 20 a)** sollten, könnte, dürfte, würde ... tun

**Übung 20 b)** könnte, wäre, könnten, sollten, könnte, könnte

**Übung 21** a) ich gebe – ich gebe – ich gäbe b) sie hat – sie habe – sie hätte c) wir brauchen – wir brauchen – wir brauchten (wir würden brauchen) d) sie lesen – sie lesen – sie läsen (sie würden lesen) e) ich bin – ich sei – ich wäre f) er kommt – er komme – er käme (er würde kommen)

**Übung 22** a) In der Zeitung steht, dass die Regierung zurücktreten wolle. b) ..., dass sie nicht mehr die Mehrheit habe. c) ..., es im Parlament eine Debatte geben werde. d) Die Opposition sagt, dass sie sofort Reformen wolle. e) ..., dass die Steuern gesenkt werden müssten. f) ..., dass die Bürger die Preise nicht mehr bezahlen könnten.

a) In der Zeitung steht, die Regierung wolle zurücktreten. b) ..., sie habe nicht mehr die Mehrheit. c) ..., es werde eine Debatte im Parlament geben. d) Die Opposition sagt, sie wolle sofort Reformen. e) ..., die Steuern müssten gesenkt werden. f) ..., die Bürger könnten die Preise nicht mehr bezahlen.

**Übung 23 a)** Indirekte Rede: Sie sagt, dass sie das könne und sicher auch etwas finden werde. Langsam wisse sie, ...

**Übung 23 b)** Claudia hat erzählt, dass sie früher Tischlerin werden wollte. Aber ihre Mutter war dagegen, weil es zu gefährlich ist. Jetzt sucht sie was als Verkäuferin. Da gibt es aber viele Bewerbungen.

Alle in der Klasse wissen, dass Claudia Tischlerin werden will. Sie sagt, dass ihre Mutter dagegen gewesen sei, weil es zu gefährlich sei. Jetzt suche sie was als Verkäuferin. Da gebe es aber viele Bewerbungen.

**Übung 24** Konjunktivformen: er habe; lege er; habe das Tier

Press sagte, dass er das Programm erst vor kurzem erweitert hat. Bei dieser Nummer legt er seinen Kopf in das Maul des hundert Kilogramm schweren Alligators. Diesmal hat das Tier ihn aber gerochen, Hunger bekommen und begonnen, die Zähne zu bewegen.

**Übung 25** Sätze mit indirekter Rede: Belegte Brote und Semmeln seien die Hauptgewinner beim Essen außer Haus gewesen. Mehr als ein Drittel aller Brote und Semmeln hätten die Bundesbürger unterwegs gegessen. Der Brotverbrauch zu Hause sei dagegen gleich geblieben.

Die Vereinigung Getreide-, Markt- und Ernährungsforschung teilte am Freitag in Bonn mit, dass belegte Brote und Semmeln die Hauptgewinner beim Essen außer Haus gewesen seien. Sie sagte außerdem, dass die Bundesbürger mehr als ein Drittel aller Brote und Semmeln unterwegs gegessen hätten, und ergänzte, dass der Brotverbrauch zu Hause dagegen gleich geblieben sei.

**Übung 26** Sätze mit indirekter Rede: Der Bundesverband der Industrie müsse schnell seinen Präsidenten nach Hause schicken, ... Henkel verletze die Tarifverträge. ..., dass er es für richtig halte, dass sich Ostdeutschland nicht an die Verträge halte und gegen sie verstoßen werde. ..., die Aussagen des BDI-Chefs seien „nicht zu akzeptieren".

**Übung 27** Michaela hat erzählt, dass sie Spanisch lernen möchte. ..., dass sie schon einen Kurs gemacht hat. ..., dass sie aber nicht weit gekommen ist. ..., dass sie jetzt zu Hause lernt. ..., dass sie im Sommer nach Spanien fahren will.

Michaela hat erzählt, sie möchte Spanisch lernen. Sie hat schon einen Kurs gemacht. Sie ist aber nicht weit gekommen. Sie lernt jetzt zu Hause. Im Sommer will sie nach Spanien fahren.

**Übung 28** a) Das könnte stimmen. b) Sie könnten Recht haben. c) Das müsstest du wissen. d) Das ließe sich machen. e) Das dürfte er nicht tun. f) Das könnte man riskieren.

**Übung 29** a) Das könnte vielleicht stimmen. b) Sie könnten vielleicht Recht haben. c) Das müsstest du bestimmt wissen. d) Das ließe sich bestimmt machen. e) Das dürfte er bestimmt nicht tun. f) Das könnte man bestimmt riskieren.

**Übung 30** a) Ich glaube, dass das stimmt. b) Ich glaube, dass Sie Recht haben. c) Ich glaube, dass du das wissen musst. d) Ich glaube, dass sich das machen lässt. e) Ich glaube, dass er das nicht tun darf. f) Ich glaube, dass man das riskieren kann.

**Übung 31** a) Ich werde mehr sparen. b) Ich werde früher ins Bett gehen. c) Ich werde gesünder essen. d) Ich werde mehr Sport treiben. e) Ich werde den Freunden helfen. f) Ich werde die Eltern oft besuchen.

Elisabeth hat also die Absicht, mehr zu sparen, früher ins Bett zu gehen, gesünder zu essen, mehr Sport zu treiben, den Freunden zu helfen und die Eltern oft zu besuchen.

**Übung 32** a) Er wird gespart haben. b) Er wird früh ins Bett gehen. c) Er wird viel Sport treiben. d) Er wird viel gearbeitet haben. e) Er wird zu Hause keinen Ärger haben. f) Er wird freundlich und hilfsbereit sein.

**Übung 33** a) Er vertraut auf sein Glück. b) Er spricht wenig über sich selbst. c) Er glaubt an die Freundschaft. d) Er hält sich nicht für den Größten. e) Er verzichtet auf Dinge, die er nicht braucht. f) Er kümmert sich um seine Mitmenschen.

**Übung 34** a) Glauben Sie an die Vernunft? b) Warten Sie auf ein Wunder? c) Verstehen Sie etwas von Pädagogik? d) Ärgern Sie sich über die Politik? e) Fürchten Sie sich vor den Folgen? f) Nehmen Sie an dem Seminar teil?

**Übung 35** a) Ich halte ihn für einen Betrüger. b) Sie erinnert mich an eine Schauspielerin. c) Über dich natürlich. d) Es riecht nach Benzin. e) Ich träume von der großen Liebe. f) Er freut sich über sein neues Fahrrad.

**Übung 36** a) Welche Hobbys haben Sie? b) Was interessiert Sie besonders? c) Wenn Sie noch einmal wählen könnten, für welchen Beruf würden Sie sich entscheiden? d) Zu welchem Beruf würden Sie mir raten? e) Wofür würden Sie kämpfen? f) Worüber unterhalten Sie sich am liebsten?

**Übung 37** a) Madeleine interessiert sich für das Angebot. Sie interessiert sich dafür. b) Boris entschuldigt sich für den Fauxpas. Er entschuldigt sich dafür. c) Katinka bedankt sich für die Glückwünsche. Sie bedankt sich dafür. d) Pavel lacht über den Witz. Er lacht darüber. e) Guy verlässt sich auf sein Glück. Er verlässt sich darauf. f) Olga hält nicht viel von der Schule. Sie hält nicht viel davon. g) Sophia beschäftigt sich mit Sternkunde. Sie beschäftigt sich damit.

**Übung 38** a) Sie verlässt sich total auf ihn. b) Ich streite doch nicht mit Ihnen. c) Ich habe mich doch schon bei Ihnen bedankt. d) Ich passe schon seit Stunden auf sie auf. e) Sprich du mit ihr! f) Ich erinnere mich genau an ihn. Warum fragst du?

**Übung 39** a) Wofür ist Bayern bekannt? Nicht nur fürs Bier, auch für Schlösser, Landschaften und seine Industrie. b) Woran erkennen Sie eine Burg? An dem Burgturm. c) Er ist 1759 in Marbach geboren und 1805 in Weimar gestorben. Er lernte Arzt und wurde Historiker. Als was ist er berühmt? Als Dichter (Friedrich Schiller). d) Wer wagt, gewinnt. Worum geht es hier? Das ist ein Spruch. Er bedeutet, dass man etwas wagen muss, um zu gewinnen. Wer nichts tut, kann auch nichts erreichen. e) Die Stichwörter lauten: Vater, Sohn, Apfel, Schweiz. Um welches Stück handelt es sich? Um den „Wilhelm Tell" von Friedrich Schiller. f) Wofür sind Kurt Weill und Hanns Eisler berühmt? Für die Musik zu Stücken von Bertolt Brecht. g) „Sie sind ein Herz und eine Seele." Was bedeutet das und woher stammt der Spruch? Er bedeutet, Sie verstehen sich sehr gut. Er stammt aus der Bibel. h) Woher kommen die grammatischen Bezeichnungen? Aus der lateinischen Grammatik. i) Das Stichwort lautet: „Schöne, blaue Donau." Woran denken Sie? An die Operette des österreichischen Komponisten Richard Strauß. j) Was ist ein Heurigenlokal und wo gibt es das? Das ist ein Weinlokal in Österreich.